高职高专规划教材

外贸单证实务

主　编　张式锋

副主编　矫红霞　王国英　张　娟

赵　琪　毕　瑛

立信会计出版社

图书在版编目(CIP)数据

外贸单证实务 / 张式锋主编. —上海：立信会计出版社，2009.11
高职高专规划教材
ISBN 978 - 7 - 5429 - 2375 - 2

Ⅰ. 外… Ⅱ. 张… Ⅲ. 进出口贸易—原始凭证—高等学校：
技术学校—教材 Ⅳ. F740.44

中国版本图书馆 CIP 数据核字(2009)第 196235 号

策划编辑　　陈岗伟
责任编辑　　方士华
封面设计　　周崇文

外贸单证实务

出版发行	立信会计出版社		
地　　址	上海市中山西路 2230 号	邮政编码	200235
电　　话	(021)64411389	传　　真	(021)64411325
网　　址	www. lixinaph. com	电子邮箱	lixinaph2019@126. com
网上书店	http://lixin. jd. com		http://lxkjcbs. tmall. com
经　　销	各地新华书店		

印　　刷	江苏凤凰数码印务有限公司	
开　　本	787 毫米×960 毫米	1/16
印　　张	14.25	
字　　数	176 千字	
版　　次	2009 年 11 月第 1 版	
印　　次	2019 年 7 月第 3 次	
书　　号	ISBN 978 - 7 - 5429 - 2375 - 2/F	
定　　价	38.00 元	

如有印订差错，请与本社联系调换

前　　言

　　进出口贸易,不仅是我国国民经济的一个重要组成部分,也是我国实行对外开放、搞活经济的一项重要内容。随着我国对外开放的深入发展,我国各地的进出口贸易业务量每年都有明显增长。

　　外贸单证是国际贸易中最关键的环节之一。单证往往体现了外贸业务各个环节的具体资讯,而单证的正确与否也直接关系到业务的成败、盈亏。"外贸单证"是"国际贸易"、"国际贸易实务"等相关专业课程的延伸和实际操作。开设该课程,目的在于培养懂得外贸单证基础知识、熟悉外贸单证工作操作与管理、熟练掌握外贸制单技能技巧的专门人才。

　　本书编写时,注重理论联系实际,培养实际操作能力,力求突出实用性。书中详细阐述了各项外贸业务中外贸单证的种类、内容、缮制方法和常见的信用证条款,并着重介绍在缮制这些外贸单证时的注意事项。此外,书中还收集了常见的外贸单证式样。

　　本书可作为大中专院校国际贸易、国际经济、国际商务、实用英语等专业的教材,也可作为外贸行业单证岗位培训之用,以及有志从事外贸工作的人士自学之用。

　　本书在编写和出版过程中得到了有关外贸公司领导和专家

的大力支持和帮助。他们提供了大量外贸单证材料,编者特此表示衷心的感谢。在编写过程中,参阅和引用了国内外有关论著的资料和观点,书中未一一列出,在此一并向有关作者致谢。

编　者

2009 年 10 月

目　　录

目录

目
录

第一章 概　述

【导入】　国际贸易是国际间的商品买卖,但在实际业务中主要表现为单据的买卖。这里所说的单据就是出口单证。出口单证是履行合同的必要手段,也是一项法律性很强的涉外工作。单证质量与外贸企业的经济效益密切相关。

第一节　外贸单证工作的重要性

一、单证是结算的基本工具

国际贸易是国与国之间的商品买卖,但由于买卖双方处在不同的国家、地区,商品与货币不能简单直接交换,而必须以单证为交换的凭证。因此,现代贸易又称为单据买卖。按照国际商会《跟单信用证统一惯例》(UCP500)1993 修订本第 4 条规定,"在信用证业务中,各有关当事人所处理的只是单据,而不是单据所涉及的货物、服务或其他行为"。第 13 条规定:"银行必须合理、小心地审核信用证规定的一切单据,以确定其是否表面与信用证相符合,本惯例所体现的国际标准银行实务是确定信用证规定的单据表面与信用证条款相符合的依据。单据之间表面互不一致即视为表面与信用证条款不符。"如果单据与信用证有细小差别,开证银行就可不负承付责任。所以,正确地缮制好各种单证,以保证交货后能及时收回货款就显得十分重要。

二、单证是履行合同的必要手段

在国际贸易中，买卖双方必须以单证作为交换的媒介手段。在出口贸易合同履行过程中的单证，一般可分为两类：一类具有商品的属性，它们有的代表商品，有的为货币的支付作出承诺或作出有条件的保证等；另一类具有货币的属性，它们有的直接代表货币，有的为货币的支付作出承诺或作出有条件的保证等。每种单据都有其特定的功能，它们的签发、组合、流转和应用反映了合同履行的进程，也反映了买卖双方权责的产生、转移和中止。由此可见，单据的缮制是对贸易不可缺少的手段。

三、单证工作是出口企业经营管理的重要环节

单证工作是为出口贸易全过程服务的。贸易合同的内容、信用证条款、货源衔接、审证改证、交单议付等业务管理的问题，最后都会在单证工作中反映出来。

单证工作是外贸企业经营管理中一个非常重要的环节，单证工作组织管理的优劣直接关系到外贸企业的经济利益。单证就是外汇，当我国出口 1.5 亿美元的货物时，出口结汇每延误一天，就要造成约 4.5 美元的损失。所以，单证工作是企业经营管理的重要环节。

四、单证工作是政策性很强的涉外工作

外贸单证工作是一项政策性很强的涉外工作，体现着平等互利和按国际惯例办事的政策精神。

出口单证为涉外商务文件，必然体现国家的对外政策，因此必须严格按照国家有关外贸的法规和制度办理。例如，进出口许可证关系到国家对某些出口商品的计划管理，甚至还会涉及两国之间的贸易协定。出口单证也是收汇的依据，当发生贸易纠纷时，又常常是处理争

议、解决索赔的依据和法律文件。例如,货物在运输途中受损,货方向保险公司提出索赔,保险单就是索赔的凭证;在计算赔偿额时,发票是赔偿的依据。

第二节　外贸单证工作的基本要求

单证工作应做到"三一致,五要求"。三一致,即单证一致,单单一致,单货一致;五要求,即正确、完整、及时、简洁、整洁。

一、正确

"正确"是单证工作的前提,是安全收汇的保证。它包括两个方面的内容:一方面,要求各种单据必须做到"三相符",即单据与信用证相符、单据与单据相符、单据与实际货物相符,其中"单证相符"是前提,离开这个前提,单单之间即使相符,也会遭到银行的拒付。"单货相符"主要是指单据的内容应该与实际交货一致,亦与合同一致。这样,单证才能真实代表出运的货物,确保履约正常,安全收汇。另一方面,要求各种单据必须符合有关国际惯例和进出口国有关法令和规定。在信用证业务中,单据的正确性要求精确到不能有一字之讹,同时还要求出口人出具的单据种类、份数和签字署名等必须与信用证的规定相符。

二、完整

"完整"是构成单证合法性的重要条件之一,是单证成为有价证券的基础。它包含三方面的内容:① 单据内容完整:即每一种单据本身的内容(包括单据本身的格式、项目、文字和签章、背书等)必须完备齐全,否则就不构成有效文件,也就不能为银行所接受。② 单据种类完整:即单据必须是成套齐全而不是单一的。遗漏一种单据,就是单据不完整。单据应严格按照信用证规定一一照办,除主要单据外,一些附属证明、收据一定要及时催办,不得遗漏。③ 单据份数完整:即要求在信用证项下的交易中,进出口商将需要哪些单据、一式几份都已注明,尤其是提单的份数,更应注意按要求出齐,避免多出或少出。

三、及时

"及时"是指完成进出口单证工作的时间性很强,必须紧紧掌握装运期、交单期等。信用证的有效及时出单包括两个方面的内容:① 各种单据的出单日期必须符合逻辑。也就是说,每一种单据的出单日期不能超过信用证规定的有效期限或按商业习惯的合理日期。如保险单、检验证的日期应早于提单的日期,而提单的日期不应晚于信用证规定的最迟装运期限,否则,就会造成单证不符。② 交单议付不得超过信用证规定的交单有效期。如信用证不做规定,按国际商会《跟单信用证统一惯例》规定:"银行将拒绝接受迟于运输单据出单日期21天后提交的单据,但无论如何,单据也不得迟于信用证到期日提交。"

四、简洁

"简洁"是指单证的内容应力求简化。国际商会在《跟单信用证统一惯例》中指出:"为了防止混淆和误解,银行应劝阻在信用证或其任何修改书中加注过多细节的内容",其目的也是为了避免单证的复杂化,提高工作效果。

五、整洁

"整洁"是指单证表面的整洁、美观、大方,单证内容简洁明了。如果正确和完整是单证的内在质量,那么整洁则是单证的外观质量。它在一定程度上反映了一个国家的科技水平和一个企业水平。单证是否整洁,不但反映出制单人的业务熟练程度和工作态度,而且还会直接影响出单的效果。

　　单证的整洁是指单证格式的设计和缮制力求标准化和规范化,单证内容的排列要行次整齐、主次有序、重点项目突出醒目,单证字迹清晰、语言通顺、语句流畅、用词简明扼要、恰如其分,更改处要盖校对章或简签。如单证涂改过多,应重新缮制单证。

第三节　外贸单证的流程

　　1. 客户询盘

　　一般在客户下订单(purchase order)之前,都会有相关的询盘(order inquiry)给业务部,做一些细节上的了解。

　　2. 报价

　　业务部及时回复客人查询,确定货物品名、型号、生产厂家、数量、交货期、付款方式、包装规格及柜型等,proform invoice 给客户作正式报价。

　　3. 得到订单

　　经过洽谈,收到客户正式的订单。

　　4. 下生产订单

　　得到客人的订单确认后,给工厂下订单,安排生产计划。

　　5. 业务审批

　　业务部收到订单后,首先做出业务审核表。按“出口合同审核表”的项目如实填写,尽可能将各种预计费用都列明。合同审批需附上客人订单传真件,与工厂的收购合同。审核表要由业务员签名,部门经理审批,再交管理部人员审核后才能执行。如金额较大的,或有预付款和佣金等条款的,要经公司总经理审批才行。合同审批之后,制成销售订单,交给部门进程员跟进。

6. 下达生产通知

业务部在确定交货期后,满足下列情况可下达生产通知,通知工厂按时生产。

(1) 如果是 L/C 付款的客户,通常是在交货期前 1 个月确认 L/C 已经收到,收到 L/C 后业务员和单证员应分别审查信用证,检查是否存在错误,交货期能否保障,及其他可能的问题,如有问题应立即请客户改证。

(2) 如果是 T/T 付款的客户,要确认定金已经到账。

(3) 如果是放账客户,或通过银行 D/A 等方式收汇等,需经理确认。

7. 验货

(1) 在交货期前一周,要通知公司验货员验货。

(2) 如果客户要自己或指定验货人员来验货的,要在交货期一周前,约客户查货并将查货日期告知计划部。

(3) 如果客户指定由第三方验货公司或公正行等验货的,要在交货期两周前与验货公司联系,预约验货时间,确保在交货期前安排好时间。确定后将验货时间通知工厂。

8. 制备基本文件

工厂提供的装箱资料,制作的出口合同、出口商业发票、装箱单等文件,应由业务跟单员制作,交给单证员。

9. 商检

如果是国家法定商检产品,在给工厂下订单时要说明商检要求,并提供出口合同,发票等商检所需资料。而且要告诉工厂将来产品的出口口岸,便于工厂办理商检。应在发货一周之前拿到商检换证凭单/条。

10. 租船订仓

(1) 如果跟客人签订的合同是 FOB CHINA 条款,通常客人会指定运输代理公司或船公司。应尽早与货代联系,告知发货意向,了解将要安排的出口口岸、船期等情况,确认工厂的交货能否早于开船期至少一周,以及船期能否达到客人要求的交货期。应在交货期两周之前向货运公司发出书面订仓通知(booking order),通常在开船一周前可拿到订仓纸。

(2)如果是由卖方支付运费,应尽早向货运公司或船公司咨询船期、运价、开船口岸等。经比较,选择价格优惠、信誉好、船期合适的船公司,并告诉业务员通告给客户。如客户不同意时,要另选客人认可的船公司。开船前两周书面订仓,程序同上。

(3)如果货物不够一个小柜,需走散货时,向货代公司订散货仓位。拿到入仓纸时,还要了解截关时间、入仓报关要求等内容。

(4)向运输公司订仓时,一定要传真书面订仓纸,注明所订船期、柜型及数量、目的港等内容,以避免差错。

11.安排拖柜

(1)货物做好并验货通过后,委托拖车公司提柜、装柜。拖车公司应选择安全可靠、价格合理的公司签订协议长期合作,以确保安全及准时。要给拖车公司传真以下资料:订仓确认书/放柜纸、船公司、订仓号、拖柜委托书、装柜时间、柜型及数量、装柜地址、报关行、及装船口岸等。如果有验货公司看装柜,要专门声明,不能晚到。并要求回传一份上柜资料,列明柜号、车牌号、司机及联系电话等。

(2)传真一份装车资料给工厂,列明上柜时间、柜型、订仓号、订单号、车牌号以及司机联系电话。

(3)要求工厂在货柜离开工厂后尽快传真一份装货通知给业务部,列明货柜离厂时间、实际装货数量等,并记装箱号码和封条号码作为提单的资料。要求工厂装柜后一定要记住上封条。

12.委托报关

在拖柜同时将报关所需资料交给合作报关行,委托出口报关及商检通关换单。通常要给报关留出两天时间(船截关前)。委托报关时，应提供一份装柜资料，内容包括所装货物及数量、口岸、船公司、订仓号、柜号、船开截关时间、拖车公司、柜型及数量，本公司的联系人和电话等。

13. 获得运输文件

(1) 最迟在开船后两天内，要将提单补料内容传真给船运公司或货运代理。补料要按照 L/C 或客人的要求来做，并给出正确的货物数量，以及一些特殊要求等，包括要求船公司随同提单出具的证明等。

(2) 督促船公司尽快出提单样板及运费账单。仔细核对样本无误后，向船公司书面确认提单内容。如果提单需客人确认的，要先传真提单样板给客人，得到确认后再要求船公司出正本。

(3) 及时支付运杂费，付款后通知船公司及时取得提单等运输文件。支付运费应进行登记。

14. 准备其他文件

(1) 商业发票:L/C 要求提供的文件中，对商业发票要求最严格。发票的日期要确定在开证日之后，交货期之前。发票中的货物描述要与 L/C 上的完全相同，小写和大写金额都要正确无误。L/C 上对发票的条款应显示出来，要显示唛头。如果发票需办理对方大使馆认证，一般要提前 20 天办理。

(2) FORM A 原产地证:FORM A 原产地证要在发货之前到检验检疫局申办。需注意的是运输日期要在 L/C 的交货期和开船日之前，在发票日期之后。未能在发货之前办理的，要办理后发证书，需提供报关单，提单等文件。经我国香港转运的货物，FORM A 证书通常要到香港的中国商检公司办理加签，证明未在港对货物进行再加工。

(3) 一般原产地证:一般原产地证可在中国贸易促进会办理，要求低一些。可在发货之后不太长的时间内补办。如果原产地证要办理大使馆加签，也和发票一样要提前 20 天办理。

（4）装运通知：一般是要求在开船后几天之内，要通知客人发货的细节，包括船名、航班次、开船日、预计抵港日、货物及数量、金额、包装件数、唛头、目的港代理人等。有时 L/C 要求提供发送证明，如传真报告书，发函底单等，注意在客户要求的时间内办理。

（5）装箱单：装箱单应清楚地表明货物装箱情况。要显示每箱内装的数量，每箱的毛重、净重、外箱尺寸。按外箱尺寸计算出来的总体积要与标明的总体积相符。要显示唛头和箱号，以便于客人查找。装箱单的重量、体积要与提单相符。

15．交单

（1）采用 L/C 收汇的，应在规定的交单时间内，备齐全部单证，并严格审单，确保没有错误，才交银行议付。

（2）采用 T/T 收汇的，在取得提单后马上传真提单给客户付款，确认收到余款后再将提单正本及其他文件寄给客户。

（3）如果 T/T 收汇的，要求收全款才能做柜的，要等收款后再安排拖柜。拿到提单后可立即寄正本提单给客户。

【思考与习题】

出口单证制作的原则是什么？

第二章 信用证的审核与修改

【导入】 许多外贸单证的错误,大多是对收到的信用证事先检查不够造成的,往往使一些本来可以纠正的错误由于审核不及时没能及时修改。因此,一般应在收到信用证的当天对照有关的合同进行认真、仔细检查,这样可以及早发现错误,采取相应的补救措施。

第一节 信用证的审核

一、信用证的定义、特点

信用证是一种支付方式,它是一种解决买卖双方信用危机的有效方式。信用证是一种银行信用。它的发展促进了国际贸易的发展。

根据不同标准,信用证有很多种类:不可撤销信用证和可撤销信用证,跟单信用证和光票信用证,保兑信用证和非保兑信用证,即期信用证和远期信用证,可转让信用证和不可转让信用证,循环信用证,对开信用证和备用信用证,等等。

全球银行金融电讯协会(SWIFT, Society for Worldwide Inter-bank Financial Telecommunication),成立于1973年,现有130多个会员国。专门从事传递各国之间的非公开性的国际金融电讯业务。

SWIFT 信用证采用标准化电文（按 MT700＝message Type 700 规定格式），并在电文的末尾有密码，若往来密码不符，则会自动予以拒绝。

二、信用证有关当事人

1. 申请人

通常是由买方或进口商向银行申请开立信用证。

2. 开证行

开证行是应申请人要求开立信用证的银行，而且负有付款责任。开证行通常是进口商所在地的银行。

3. 通知行

通知行通常是出口商所在地的银行。通知行根据开证行的指示将信用证转递给受益人。

4. 受益人

信用证项下的受益人通常是出口商。

信用证样本：

DOCUMENTARY LETTER OF CREDIT

Received from：Korea Exchange Bank

40A：FORM OF DOCUMENTARY CREDIT：IRREVOCABLE

20：DOCUMENTARY CREDIT NUMBER：M1924709NS00389

31C：DATE OF ISSUE：　　　　080929

31D：DATE OF EXPIRY，PLACE OF EXPIRY

　　　081030 IN BENEFICIARY'S COUNTRY

32B：CURRENCY CODE AND AMOUNT

　　USD 12 000 000

50：APPLICANT

　　DEAHO APPAREL CO.，LTD. C.P.O. BOX 7155 SEOUL，KOREA

59：BENEFICIARY

　　DALIAN TEXTILES IMPORT ＆ EXPORT CORP.

　　4 YINGCHUN STREET，DALIAN，CHINA

41D：AVAILABLE WITH ... BY...

　　ANY BANK BY NEGOTIATION

42C：DRAFTS AT SIGHT

43P：PARTIAL SHIPMENT：PROHIBITED

43T：TRANSSHIPMENT： PROHIBITED

44A：LOADING ON BOARD/DISPATCH/TAKING IN CHARGE

　　SHANGHAI, CHINA

44B：FOR TRANSPORTATION TO

　　PUSAN，KOREA

44C：LATEST DATE OF SHIPMENT：081010

45B：DESCRIPTION OF GOODS AND/OR SERVICE

　　WOMEN'S AND MEN'S STONEWASH JEANS

　　USD 25.00 PER DOZ CIF SEOUL

　　QUANTITY：WOMEN'S：　1 000 PCS IN SMALL SIZE

　　　　　　　　　　　　1 200 PCS IN MEDIUM SIZE

　　　　　　　　　　　　1 200 PCS IN LARGE SIZE

　　　　　　　MEN'S：　　600 PCS IN SMALL SIZE

　　　　　　　　　　　　1 000 PCS IN MEDIUM SIZE

　　　　　　　　　　　　760 PCS IN LARGE SIZE

　　ALL GOODS SHOULD BE PACKED IN BOXES OF TWO DOZEN

　　EACH，WHITE，BLACK AND PINK ASSORTED，100 BOXES TO A

　　WOODEN CASE.

46B：DOCUMENTS REQUIRED

71B：CHARGES

　　ALL BANKING CHARGES OUTSIDE KOREA ARE FOR ACCOUNT OF

　　THE BENEFICIARY

　5. 议付行

　支付汇票金额并取得全套单据(或仅收单据而不保证付款)，然后
将它们寄给开证行要求偿付的银行。议付行也可能是通知行。

　6. 付款行

　付款行对信用证的金额负有付款责任。通常是开证行或开证行

外贸单证实务

指定的银行。

三、信用证的审核内容

信用证的开证行、信用证的形式、信用证的通知行、信用证的有效期和有效地点、开证日期、信用证的申请人、受益人、信用证号、币别和金额、信用证的出票条款、信用证的装运期限、种类、信用证的偿付行、偿付条件、货物描述、交单期限、保兑条款、单据条款、价格条款、银行费用条款、生效性条款、特别条款、保付条款、UCP500 条款和信用证的有效性条款。

1. 信用证的类型

按 UCP500 规定,信用证的类型(types of L/C)分为如下四种:

(1) 付款信用证(payment documentary credit),在信用证中一般表述为:

This Documentary Credit is available by PAYMENT with... Bank.

(2) 迟期付款信用证(deferred payment documentary credit),在信用证中一般表述为:

This Documentary Credit is available by DEFERRED PAYMENT with... Bank.

(3) 承兑信用证(acceptance documentary credit),在信用证中一般表述为:

This Documentary Credit is available by ACCEPTANCE with... Bank.

(4) 议付信用证(negotiation documentary credit),在信用证中一般表述为:

This Documentary Credit is available by NEGOTIATION with Any Bank.

2. 信用证的开证行

在签合同时，应明确开证行是国际信誉良好、实力强大的大银行。

3. 信用证的通知行及有效性的审核

通知行一般选择自己的账户行，以便于业务联络，即将来可能发生的贸易融资需要。收到信用证后，要审核通知行的盖章、业务编号及通知日期，信开信用证要注意签字，看有无印鉴核符签章；电开信用证注意密押，看有无印鉴核符签章。一般通知行还会审查一下有无不利条款，并在信用证上列明。

4. 信用证号码和开证日期

L/C 上必须注明开证日期，如果没有，则视开证行的发电日期（电开信用证）或抬头日期（信开信用证）为开证日期。

5. 货币及金额

SWIFT 信用证金额表示法为：8888888,58 即表示 8 888 888.58。

6. 有效期限和有效地点

有效地点应争取在受益人所在国家。

7. 汇票条款

通常包括出票人、付款人、受款人、付款期限、出票条款和出票日期。

8. 出票条款

出票条款指开证行在信用证中授权受益人向指定银行出据汇票以收取货款的条款。出票条款一般描述为：Draft（s）drawn on … Bank bearing "Drawn under L/C NO. … issued by … Bank Date …"。

9. 单据条款

10. 货物描述

该条款包括商品描述（商品名称、数量、型号、规格等）和单价。

11. 装运条款

该条款包括以下内容:

(1) 装运港。

(2) 目的港。

(3) 装运日期:应是具有年、月、日的完整日期。

(4) 允许/不允许分批装运。

(5) 装运方式。

一般情况下,交单期限为 10 天、15 天、21 天。如果没有特殊规定,按国际惯例,银行将拒绝接受受理迟于装船日期后 21 天提交的单据。

12. 银行费用条款

一般情况下,开证行的银行费用由开证申请人负担,通知行、议付行等银行费用由受益人承担。如:

All Banking charges outside the issuing Bank are for the Beneficiary's account.

13. 信用证的生效条款

有些信用证在一定条件下才正式生效,通知行一般会在这类信用证上加注"暂不生效"。受益人应在收到通知行的生效通知后再办理发货。

14. 信用证的保付条款

信用证中一般有开证行保证付款的责任条款。

但是,通过 SWIFT 系统开出的 MT700 格式的信用证没有这一条款,此类信用证不要求加列保付条款文句。

15. UCP500 条款

一般信用证都有"遵循国际商会[跟单信用证统一惯例](1993 年修订版)第 500 号出版物"字样。但是,通过 SWIFT 系统开出的 MT700 格式的信用证没有这一条款。

Subject to Uniform Customs and Practice for Documentary Credits(1993 Revision),International Chamber of Commerce Publication No. 500.

16. 信用证的有效性条款

该条款是开证行声明信用证是有效的法律文件的语句。

This is an operative instrument and no confirmation to be followed.

第二节 信用证的修改

一、信用证修改的一般程序

信用证的修改由开证申请人提出,经开证行、通知行、受益人各方都同意接受该修改书后,方能有效。

二、信用证修改时应注意的问题

(1) 非改不可的坚决要改,可改可不改的酌情处理。

(2) 不可撤销信用证的修改必须被各有关当事人全部同意后,方能生效。

(3) 开证行发出修改通知后不能撤回。

(4) 保兑行有权对修改不保兑,但它必须不延误地将该情况通知开证行及受益人。

(5) 受益人应对信用证的修改书作出接受或拒绝的表示。

(6) 在同一信用证上,如有多处需要修改的,原则上应一次提出。

(7) 受益人要求修改信用证时,应该及时通知开证申请人。

(8) 修改书必须经原通知行传递方有效。

【思考与习题】

1. 信用证的种类与主要内容。
2. 信用证审核的方法与注意事项。

第三章　结 汇 单 证

【导入】 结汇单证是进出口贸易中必不可少的重要单证。出口货物装运之后,出口方应按合同或信用证要求(目前绝大多数出口业务是通过信用证方式结算的),正确缮制各种单证,并在信用证规定的有效时间内,送交银行议付和结汇,从而完成一笔有效的出口任务。所谓结汇单证是指在国际贸易结算中,为解决货币收付问题所使用的各种单据及证明。

第一节　外贸单证的分类

一、国际上对外贸单证的分类

国际商会在其 1995 年 1 月 1 日起施行的 522 号出版物《托收统一规则》中对单证作了如下分类:

(1) 金融单证,指汇票、本票、支票或其他用于取得付款或款项的单据。

(2) 商业单证,指发票、运输单证、所有权单证或其他类似单证,或者一切不属于金融单证以外的其他单证。

二、国内对外贸单证的分类

1. 货运单证

货运单证(transport documents)包括海运提单、不可转让海运单、租船提单、多式联运单据、空运单、公路/铁路/内河运单以及快递和邮运单据等。

2. 商业单证

商业单证(commercial documents)包括商业发票、形式发票、证实发票、装箱单、重量单以及规格单等。

3. 公务单证

公务单证(official documents)诸如领事发票、法定发票、海关发票、政府部门或商会等团体签发的产地证明书、健康证书、兽医证书、卫生证书、动植物检疫证书以及配额许可证等。

4. 保险单证

保险单证(insurance documents)包括暂保单、保险凭证和保险单等。

5. 金融单证

金融单证(financial documents)如汇票、本票和支票等。

6. 附属单证

附属单证(supplementary documents)如航程证明、邮寄单据和样品证明等。

以上分类基本概括了出口单证内容,在贸易实务中,出口方需要向进口方提供哪些单据,一般是按不同进口地区、不同商品、不同客户的要求而决定的,由进口方在信用证或合同条款中作具体规定。

第二节　汇　　票

一、背景知识

汇票(draft/bill of exchange)是出票人(drawer)签发的,要求受票

人(drawee)在见票时或在指定的日期无条件支付一定金额给其指定的受款人(payee)的书面命令。

《英国票据法》关于汇票的定义是：汇票是由一人向另一人签发的，要求即期或定期或在可以确定的将来的时间，对某人或其指定人或持票人支付一定金额的无条件书面支付命令(A bill of exchange is an unconditional order in writing addressed by one person to another signed by the person giving it requiring the person to whom it is addressed to pay on demand, or at a fixed or determinable future time a sum certain in money to or to the order of a specified person, or to bearer.)。汇票是出票人以书面票据命令付款人立即或某一固定日期或在将来某一固定日期、无条件支付一定金额给指定受款人的一种命令。其使用程序包括出票(to draw/to issue)、提示(presentation)、承兑(acceptance)、付款(payment)、背书(endorsement)、拒付(dishonor)及追索。

二、汇票的当事人

根据汇票定义，汇票的当事人一般有三个：出票人、受票人和受款人。

出票人(drawer)，即签发汇票的人。在进出口业务中，通常是出口商。

受票人(drawee)，即汇票的付款人。在进出口业务中，通常是进口商或其指定的银行。在信用证结算方式下，若信用证没有指定付款人，根据《UCP500》规定，开证行即是付款人。

受款人(payee)，即汇票规定的可受领金额的人。在进出口业务中，若信用证没有特别指定，受款人通常是出口商本人或其指定银行。

除此之外，汇票在使用中还可能出现一些非基本当事人，如背书人(endorser)和保证人(guarantor)等。

在信用证项下的国际结算业务中，即期付款有时不一定需要汇票，可以发票代替。而对于远期付款，汇票一般都是必要的，因付款人须凭汇票承兑，并承担到期付款的责任。而持票人必要时可凭承兑的汇票贴现或经背书转让。

汇票出票时，当事人身份会因汇票种类的不同而有所不同。

（1）商业汇票。在签发商业汇票时，既可以由购买方签发，这时，出票人是基础关系中履行给付金钱义务的人；但也可以由销售方签发（再交购买方由其办理承兑手续后，还给销售方，销售方即可凭汇票收取款项），这时，出票人就不是基础关系中履行给付金钱义务的人。而是履行销货义务、并享有收受金钱权利的人。

（2）银行汇票。在银行汇票中，出票人是银行，出票程序如下：当事人使用银行汇票前，应当先将资金存入开户银行，然后向开户银行提出申请，并由该银行签发银行汇票，交申请人携往异地。在该申请人携带银行汇票到异地后，即可以凭该汇票在异地银行支取现金，这时受票人就是银行汇票的申请人，银行汇票就只起异地汇兑的作用；当然也可以在商品、服务交易中将银行汇票交付给他人，这时，受票人是基础关系中收受金钱给付权利的人。

三、汇票的类型

1. 即期汇票和远期汇票

如果汇票在提示时就付款的就是即期汇票。如果付款人在提示后某一日期支付，这种汇票就是远期汇票。

2. 光票和跟单汇票

不随附装运单据的汇票为光票，反之就是跟单汇票。

3. 商业汇票和银行汇票

如果出票人是商业企业，这样的汇票是商业汇票。出票人是银行,汇票为银行汇票。

在汇票的正本和副本上印有"first of exchange"和"second of the same tenor and date unpaid"这样的词。这意味着正本和副本具有同样的作用。一旦其中的一份起作用,另一份自动失效。

四、汇票样本

外贸单证实务

No. AS PER INVOICE   QINGDAO JUL. 25, 2009

Exchange for USD528 000. 00

At 120 DAYS sight of this first of exchange (Second of the same tenor and date unpaid)

pay to the order of

BANK OF CHINA, SHANDONG BRANCH

the sum of US DOLLARS FIVE HUNDRED AND TWENTY EIGHT

THOUSAND ONLY

Drawn under BANK OF NEW YORK

          L/C NO.: 860002144560   DATE:JUN. 20, 2008

To BANK OF NEW YORK   QINGDAO YITONG

                                        INTERNATIONAL BUSINESS CORP

                                        SIGNATURE:

五、汇票的填制方法

1. 汇票编号

根据发票号码填写,或填写"as per invoice"。

2. 地点和日期

填写汇票的出票日期和出票地点。

3. 金额

填写托收总金额,由货币名称的缩写和小写金额数字构成(金额数保留至小数点后两位,货币名称应与发票一致)。例如:USD 7 200.00,

STG 3 600.00，DM 7 500.00，JPY 4 620.00

4. 付款期限和方式

付款一般有三种方法：即期付款交单、远期付款交单和承兑交单。

即期付款交单（D/P at sight）方式下，在"at"与"sight"之间画虚线（或用"*"或"×"），在"at"前加上"D/P"，即"D/P at... sight"。

远期付款交单（D/P after sight）方式下，在"after"前加上"D/P"，在"after sight"之前填上 at … days，即"D/P at … days after sight"。

承兑交单（D/A）：即"D/A at … days after sight"。

汇票有两联，第一联与第二联除在付款期限后的一句话不同外，其他内容是相同的。第一联规定"At … sight of this first of exchange (Second of the same tenor and date unpaid)"，第二联则规定"At … sight of this second of exchange (First of the same tenor and date unpaid)"。即所谓"付一不付二，付二不付一"，意指支付了第一联则不付第二联，支付了第二联则不付第一联。

5. 收受款人（又称抬头人或受款人）

通常有三种写法：

（1）限制性抬头。填写"pay to … company only"或"pay to … not transferable"，这种汇票不能背书转让。

（2）指示性抬头。填写"pay to the order of … "。这种汇票背书后可以转让。

（3）来人抬头，又称持票人抬头，即付款给汇票持有者。如："pay to bearer"，付款人通常是银行。

托收方式下的汇票受款人一般使用指示性抬头，即以托收行（remitting bank）为受款人。这种方式不用背书就可转让，风险较大，现已很少使用。

6. 汇票大写金额

用大写字母和货币填写，应在"the sum of"后小写金额使用英文大写数字填写金额,大写金额前冠以货币全称,并且全称应以复数形式出现,句末加上"only"(整),否则银行拒绝付款。例如:SAY US DOLLARS SEVEN THOUSAND TWO HUNDRED ONLY. SAY POUND STERLING THREE THOUSAND SIX HUNDREND ONLY. SAY DEUTSCHE MARK SEVEN THOUSAND FIVE HUNDREN ONLY. SAY JAPANESE YEN FOUR THOUSAND SIX HUNDRED AND TWENTY ONLY.

大写金额的小数点以下的辅币的表示方法,以 0.75 美元为例,有以下几种写法:① cents seventy five only。② … and 75% only。③ … and 75/100 only。

7. 出票条款

如果采用信用证支付方式,一般应列明某日、某行、某信用证,如"drawn under … Bank L/C NO. … dated … "。如果采用托收,填写"for collection"

8. 付款人

汇票左下角的"To"栏。通常是开证行或进口商(须列明详细名、地址)。

9. 出票人签字

在托收方式下出票人是委托人,在信用证方式下是受益人。出票人应完全符合信用证的规定。没有出票人签字和盖章(signature of the drawer)的汇票是无效的。

第三节 发 票

一、发票的分类

发票有很多种类:形式发票、商业发票、领事发票、样本发票和海关发票等。在国际贸易中最常使用的是商业发票和海关发票。

商业发票是出口商向进口商开立的发货价目清单,它既是进出口双方交接货物和结算货款的凭证,也是装运货物的总说明。商业发票描述商品的质量、重量、单价和总额。它是制作其他单据的基础,也是银行检验信用证与单据以及单据与单据是否相符的依据。

形式发票(proform invoice)又称预开发票或估价发票,是进口商为了向其本国当局申请进口许可证或请求核批外汇,在未成交前,要求出口商将拟出售成交的商品名称、单价、规格等条件开立的一份参考性发票。

领事发票(consular invoice)又称法定发票或签证发票,是按某些国家法令规定,出口商对其国家输入货物时,必须取得进口国在出口国或其邻近地区的领事签证的,作为装运单据一部分或货物进口报关的前提条件之一的特殊发票。

海关发票(customs invoice)是应进口国海关要求确定进口货物的价值和原产地的一种特殊发票。

二、发票的作用

（1）便于进口商核对已发货物是否符合合同或信用证的规定。

（2）作为进口方和出口方记账的依据。

（3）在出口地和进口地作为报关、清关和纳税的凭证。

（4）在不用汇票的情况下,代替汇票作为付款依据。

（5）是整套出口单据的中心及其填制和审核的依据。

（6）可作为索赔、理赔的依据。

三、发票的样本

1. 发票样本一（空白）

COMMERCIAL INVOICE

Issuer		Commercial Invoice	
To			
		No.	Date
Transport Details		S/C No.	L/C No.
		Terms Of Payment	
Shipping Marks	Number and kind of package Description of Goods	Quantity	Unit Price	Amount

Total：

Say Total：

Stamp and Signature

2. 发票样本二(已填)

青岛亿通国际贸易公司

QINGDAO YITONG INTERNATIONAL BUSINESS CORP.

发　票　　　　No.：<u>YT1008</u>

COMMERCIAL INVOICE　　Date：<u>APR. 25, 2009</u>

S/C No.：<u>BBGWF2028</u>

Shipped from：<u>QINGDAO</u> to <u>HONGKONG</u>

For account and risk of：<u>APP GARMENTS CO., LTD KOWLONG, HONGKONG</u>

唛　　头 Marks and Nos.	数量及品名 Quantities & Descriptions	单　价 Unit Price	总　价 Amount
C & A MEDERLAND ORDER NO.：727/13 C/N NO.：1-10 ROTTERDAM	BABY & GIRL'S SKIRT 100％COTTON QUANTITY：100 SETS (2PCS/SET)/10CARTONS	DEM 153.00/SET	DEM 15 300.00
C & A MEDERLAND ORDER NO.：727/14	BABY & GIRL'S DRESS 65％ POLYESTER 35％ COTTON	DEM 153.00/SET	DEM 15 300.00

唛　　头 Marks and Nos.	数量及品名 Quantities & Descriptions	单　价 Unit Price	总　价 Amount
C/N NO.：11-20 ROTTERDAM	QUANTITY：100SETS/10CARTONS		
C & A MEDERLAND ORDER NO.：727/16 C/N NO.：20-25 ROTTERDAM	BABY & GIRL'S SKIRT 100% COTTON QUANTITY：100SETS/5CARTONS	DEM 90.00/SET	DEM 9 000.00
	TOTAL AMOUNT：	CFR ROTTERDAM	DEM 39 600.00

四、商业发票的填制方法

1. 卖方名称和地址

相对固定，一般是事先印好的。制单时应标出卖方的中文和英文名称和地址。

2. 发票号码

由出口公司自己编制。发票号码代表全套单据的号码，所以是一个重要项目，不能遗漏。

3. 日期

发票日期要早于装运日期和汇票日期，但不迟于信用证的有效期。发票日期一般尽量接近装运日期。

4. 销售合同号码

合同号码应与信用证上列明的一致，一笔交易涉及几个合同的，应在发票上表示出来。

5. 装运港（装运地）

6. 目的港（目的地）

7. 转运港

如果允许转船,要标明转运港。例如,"From Dalian To Helsinki W/T (with transshipment) Hong Kong by Vessel"。

8. 买方名称和地址

在信用证项下买方是开证人,名称和地址应与信用证严格相符。如果信用证有指定抬头人,则按来证规定制单。

9. 唛头及编号

填写运输标志。如果合同没有指定唛头,出口商可自行设计唛头,但出口商所设计唛头需与信用证要求完全一致。唛头内容包括客户名称的缩写、合同号码、目的港、件号。如规定"ABC CO. / TR1234/HAMBURG/NO. 1-220",填写如下:

ABC CO.

TR1234

HAMBURGE

NO. 1-220

如果没有唛头,填写"N/M"。

10. 商品描述

根据信用证规定填写。包括商品的名称、规格、数量、单价、贸易术语、包装等项目。省略或增加货名的字句都会造成单证不符。

11. 单价和金额

由货币、计量单位、金额和贸易术语组成。这四部分要和信用证保持一致。

12. 总额

不能超过信用证规定的最高金额。

13. 受益人签字

只有受益人签字后,发票才能生效。另外注意两点:

(1) L/C 条款常有规定,发票要注明进口许可证号、外汇管理编号(exchange permit No.)或其他编号,通常写在发票的结尾部分。

（2）声明文句写在发票的结尾部分，如：

We hereby certify that the contents of invoice herein are true and correct. 兹证明发票中的内容是真实正确的。

第四节　装　箱　单

一、装箱单概述

装箱单是发票的补充单据，它列明了信用证（或合同）中买卖双方约定的有关包装事宜的细节，便于国外买方在货物到达目的港时供海关检查和核对货物，通常可以将其有关内容加列在商业发票上，但是在信用证有明确要求时，就必须严格按信用证约定制作。

二、装箱单/重量单/尺码单

装箱单/重量单/尺码单是商业发票的一种补充单据。根据货物的特性、包装方式、重量、体积的计算方法，进口商可能对某一或某几个方面关注。因此要求出口商提供突出某一方面的单据。这些单据有许多不同名称。为了和发票保持一致，在号码和日期两个栏中填写与发票完全相同的内容。它一般不显示收货人、价格和装运情况，对货物内容的描述一般都使用统称。

装箱单着重表现货物的包装情况，包括从最小包装到最大包装所有使用的包装材料、包装方式。对于重量和尺码内容，在装箱单中一般只列出它们的累计总额。

重量单在装箱单的基础上，详细表现货物的毛重、净重和皮重等。

尺码单要用"立方米"表示货物的体积，其他内容与重量单相同。

通常，当货物的包装、重量和尺码较为复杂时，进口商一般不在信用证中详细叙述,而以"as per Contract No. ×××"根据第×××号合同。这时,制作装箱单、重量单和尺码单等就需要买卖合同、备货单和出货单作为凭据。

装箱单、重量单和尺码单虽名称众多,但内容是相当明确的。装箱单着重表示包装情况,重量单侧重说明重量情况,而尺码单的重点是商品体积的描述。

装箱单、重量单或尺码单上也可能出现特殊条款,特殊条款是根据信用证要求填写的。

装箱单、重量单或尺码单可以根据应填写的内容增、减单据中的栏目。

三、装箱单的具体缮制内容

1. 装箱单名称

应按照信用证规定使用。通常用"packing list"、"packing specification"、"detailed packing list"。如果来证要求用中性包装单(neutral packing list),则包装单名称打"packing list",但包装单内不打卖方名称,不能签章。

常见的单据名称有:

packing list (note) 装箱单

weight list (note) 重量单

measurement list 尺码单

packing list and weight list 装箱单/重量单

packing note and weight note 装箱单/重量单

packing list and weight list and measurement 装箱单/重量单/尺码单

packing note and weight note and measurement 装箱单/重量单/尺码单

weight and measurement list 重量单/尺码单

weight and measurement note 重量单/尺码单

packing and measurement list 装箱单/尺码单

packing and measurement note 装箱单/尺码单

装箱单样本：

青岛亿通国际贸易公司

QINGDAO YITONG INTERNATIONAL BUSINESS CORP.

19, Haier Road, Qingdao P. R. China

PACKING LIST

TO: AL. BALOUSHI TRADING EST JEDDAH.　　　　INVOICE NO. : 08AR031

INVOICE DATE: APR. 25, 2009

S/C NO. : 08225031

FROM: _____QINGDAO_____　　TO: _____JEDDAH BY APL_____

LETTER OF CREDIT NO. : _____　DATE OF SHIPMENT: APR. 29, 2009

MARKS AND NUMBERS	NUMBER AND KIND OF PACKAGE DESCRIPTION OF GOODS	QUANTITY	PACKAGE	G. W.	N. W.	MEAS.
ROYAL 05AR225031 JEDDAH C/N:1-460	P. P INJECTION CASES					
	14″/22″/27″/31″ ART NO. : ZL0322	230 SET	230 CTNS	18. 5/4 255 KGS	16. 5/3 795 KGS	34 M³
	14″/19″/27″/31″ ART NO. : ZL0319 460 CARTONS OF ONE SET EACH	230 SET	230 CTNS	18. 5/4 255 KGS	16. 5/3 795 KGS	34 M³

TOTAL: 460 SETS　460 CTNS　8 510 KGS　7 590 KGS　68 M³

SAY TOTAL: FOUR HUNDRED AND SIXTY CARTONS ONLY

2. 编号

编号（No. ）与发票号码一致。

3. 合同号或销售确认书号

合同号或销售确认书号（contract No. /sales confirmation No. ）注此批货的合同号或者销售合同书号。

4. 唛头

唛头（shipping mark）与发票一致，有的注实际唛头，有时也可以只注"as per invoice No. ×××"。唛头的具体写法请参见发票制单第七点。

5. 箱号

箱号（case No. ）又称包装件号码。在单位包装货量或品种不固定的情况下，需注明每个包装件内的包装情况，因此包装件应编号。

例如：Carton No. 1-5 …

　　　　Carton No. 6-10 …

有的来证要求此处注明"CASE NO. 1—UP"，UP 是指总箱数。

6. 货号

货号（name of commodity）需与发票内容一致。

7. 货描

货描（description & amp; specification）要求与发票一致。

货名如有总称，应先注总称，然后逐项列明详细货名。与前箱号、货号栏对应逐一注明每一包装件的货名、规格和品种。

8. 数量

应注明此箱内每件货物的包装件数（quantity）。

例如，"bag 10"、"drum 20"、"bale 50"，合同栏同时注明合计件数。

9. 毛重

注明每个包装件的毛重（Gr. weight）和此包装件内不同规格、品种、花色货物各自的总毛重（sub total），最后在合计栏处注总货量。信用证或合同未要求，不注亦可。如为"detailed packing list"，则此处应逐项列明。

10. 净重

注明每个包装件的净重(net weight)和此包装件内不同规格、品种、花色货物各自的总净重(sub total),最后在合计栏处注总货量。信用证或合同未要求,不注亦可。如为"detailed packing list",则此处应逐项列明。

11. 箱外尺寸

注明每个包装件的尺寸(measurement)。

12. 合计

此栏对箱号、数量、毛重和净重栏合计(total)。

13. 出票人签章

签章(signature)应与发票相同。

第五节　海　运　提　单

一、运输单据简介

运输单据是外贸单证工作中最重要的单据之一,是出口商按规定要求装运货物后,承运人或其代理人签发的一种书面凭证。根据运输方式的不同,承运人出具不同的运输单据,主要有海运提单、不可转让海运提单、租船提单、邮包收据、航空运单和承运货物收据等。由于在对外贸易中海运所占比重最大,所以海洋运输单据尤其是海运提单使用得也较多,航空运单的使用虽然也有其普遍性,但除了收货人必须要求作成记名式收货人之外,其他与海运提单基本相似。

海运提单(ocean bill of lading)是承运人确认已收到了托运人的货物,并已装船或待以装船,从而签发给托运人的收据,它由承运人单方面签发,所以是托运人与承运人之间运输合同的证明,具有物权凭证的作用,卖方可以通过掌握海运提单来控制货物。

二、提单

1. 提单概述

(1) 提单的概念。我国《海商法》第 71 条规定:提单,是指用以证明海上货物运输合同和货物已经由承运人接收或者装船,以及承运人保证据以交付货物的单证。提单中载明的向记名人交付货物,或者按照指示人的指示交付货物,或者向提单持有人交付货物的条款,构成承运人据以交付货物的保证。《海牙规则》和《海牙-维斯比规则》都没有给提单下定义。而《汉堡规则》鉴于提单在国际贸易和运输中所起的作用概括成提单的定义,我国《海商法》借鉴了这个定义。它概括了提单的本质属性,即证明承运人接管货物和货物已装船,证明海上货物运输合同和承运人据以交付货物。

提单(bill of lading,B/L)在国际班轮运输中既是一份非常重要的业务单据,又是一份非常重要的法律文件。提单是国际海上货物运输中最具有特色的运输单据。在国际贸易中,提单也起到了贸易单证的作用,是一种有价证券。作为有价证券,提单既是物权证券又是债权证券,它同时代表物权和债权;提单是要式证券,提单上的记载必须依据法律规定而为;提单是文义证券,它所代表的权利以提单上记载的内容为准;提单是准流通证券,它可以通过交付或者背书加交付转让;提单是设权证券,通过签发提单可以创设原本不存在的权利;提单是交还证券,提单上权利的实现必须以交还提单为要件。

(2) 提单的作用。提单的作用有:

A. 提单是海上货物运输合同的证明。提单的印刷条款规定有承运人与货物关系人之间的权利、义务,提单也是法律承认的处理有关货物运输争议的依据,因此,有人会认为提单本身就是运输合同。但是,提单并不具有作为经济合同应具备的基本条件,构成运输合同的主要项目诸如船名、开航日期、航线、靠港及其他有关货运条件都是事先公布,而且是众所周知的;至于运价和运输条件也是承运人预先规定的,提单条款仅是承运人单方面规定的,而且,在提单上只有承运人单方的签字。合同履行在前,签发提单在后,提单只是在履行运输合同的过程中出现的一种证据,而合同实际上是在托运人向承运人或其代理人订舱、办理托运手续时就已成立。确切地说,承运人或其代理人在托运人填制的托运单上盖章时,承运人与托运人之间的合同就已成立。所以,将提单称为"海上货物运输合同已存在的证明"更为合理。

提单是运输合同成立的证明。如果在签发提单之前,承运人与托运人双方另有约定,而该约定又不同于提单条款规定的内容,则以该约定为准。如果在签发提单之前,承运人与托运人双方并无约定,且托运人在接受提单时又未提出任何异议,这时才可将提单条款推定为合同条款的内容,从而约束承运人与托运人双方,提单才能从运输合同成立的证明转化为运输合同本身。当提单转让给善意的第三人(提单的受让人、收货人等)以后,承运人与第三人之间的权利、义务等就按提单条款的规定处理,即此时提单就是第三人与承运人之间的运输合同。中国《海商法》第 78 条第 1 款规定:"承运人与收货人、提单持有人之间的权利、义务关系,依据提单规定确定。"

B. 提单是证明货物已由承运人接管或已装船的货物收据:首先,货物的原始收据不是提单,而是大副收据或者是场站收据。收货待运提单是证明承运人已接管货物、具有明显的货物收据功能的单证。已装船提单是在货物装船后,根据货物的原始收据,即大副收据等签发的,提单上记载有证明收到货物的种类、数量、标志、外表状况的内容。此外,由于国际贸易中经常使用 FOB、CFR 和 CIF 三个传统的价格术语,在这三个传统的"装运合同"(shipment contract)价格术语下,是以将货物装船象征卖方将货物交付给买方,货物装船时间也就意味着卖方的交货时间,因此,提单上还记载有货物装船的时间。用提单来证明货物的装船时间是非常必要的,因为作为履行贸易合同的必要条件,如果卖方未将货物按时装船,银行就不会接受该提单。

　　承运人签发提单,就表明他已接管提单上所记载的货物。但是,提单作为货物收据的法律效力在不同的当事人之间也是不同的。对托运人来说,提单只是承运人依据托运人所列提单内容收到货物的初步证据。换言之,如果承运人有确实证据证明他在事实上未收到货物,或者在收货时实际收到的货物与提单所列的情况有差异,承运人可以通过一定方式减轻或者免除自己的赔偿责任。但对善意接受提单的收货人,提单是承运人已按托运人所列内容收到货物的绝对证据。承运人不能提出相反的证据否定提单内所记载的内容。

　　C. 提单是承运人保证据以交付货物的物权凭证:承运人或其代理人在目的港交付货物时,必须向提单持有人交货。在这种情况下,即使是真正的收货人,如果不能递交正本提单,承运人也可以拒绝对其放行货物。也就是说,收货人是根据提单物权凭证的功能,在目的港以提单相交换来提取货物。

　　提单作为物权凭证的功能是用法律的形式予以确定的,提单的转移意味着提单上所记载货物的转移,提单的合法受让人或提单持有人就有权要求承运人交付提单上所记载的货物。除提单中有规定外,提单的转让是不需要经承运人同意的。提单具有物权凭证的功能使提单所代表的"物权"可以随提单的转移而转移,提单中所规定的权利和义务也随着提单的转移而转移。当货物在运输过程中遭受损坏或灭失时,也因货物的风险已随提单的转移而转移给了提单的受让人。提单的受让人能否得到赔偿将取决于有关海上货物运输的法律、国际公约和提单条款的规定。提单的转让是受时间制约的。在办理提货手续前,提单是可以转让的。但是,一旦办理了手续后,该提单就不能再转让了。

2. 提单的种类

（1）以货物是否已装船为标准，分为已装船提单和收货待运提单。

A. 已装船提单（on board B/L；shipped B/L），指货物全部装船后，由承运人或其代理人向托运人签发的货物已经装船的提单。该提单上除了载明其他通常事项外，还需注明装运船舶名称和货物实际装船完毕的日期，并有船长或其代理人签字。

B. 收货待运提单（received for shipment B/L），又称备运提单，是指承运人虽已收到货物但尚未装船，应托运人要求而向其签发的提单。由于待运提单上没有明确的装船日期，而且又不注明装运船的船名，因此，在跟单信用证的支付方式下，银行一般不接受这种提单。货物装船后，托运人可凭收货待运提单换取已装船提单，或者由承运人在备运提单上加注船名和装船时间并签字盖章使之成为已装船提单。

（2）以提单收货人一栏的记载为标准，分为记名提单、不记名提单和提示提单。

A. 记名提单（straight B/L），指在提单"收货人"一栏内具体填上特定的收货人名称的提单。记名提单只能由提单上所指定的收货人提取货物。记名提单不得转让。它可以避免因转让而带来的风险，但给贸易商带来很大不便，所以在国际贸易中使用并不多，一般只在运输展览品或贵重物品时使用。银行一般不愿意接受记名提单作为议付的单证。

B. 不记名提单（open B/L；blank B/L；bearer B/L），指在提单"收货人"一栏内记明应向提单持有人交付货物（to the bearer 或 to the holder）或在提单"收货人"一栏内不填写任何内容（空白）的提单。不记名提单无需背书即可转让。即由出让人将提单交付给受让人即可转让，谁持有提单，谁就有权提货。但由于在提单遗失时很难区分非法获得提单者和提单的善意受让人，容易造成货物丢失或引起纠纷，因此不记名提单的风险很大,在国际贸易中已很少使用。

    C. 指示提单(order B/L),指在提单"收货人"一栏内只填写"凭指示"(to order)或"凭某人指示"(to the order of …)字样的提单。指示提单经过记名背书或空白背书转让。指示提单除由出让人将提单交付给受让人外还应背书,这样提单才得到了转让。如果提单的收货人一栏只填写"to order",则称为托运人指示提单。记载"to the order of the shipper"与记载"to order"是一样的托运人指示提单。在托运人未指定收货人或受让人以前,货物仍属于托运人。如果提单的"收货人"一栏填写了"to the order of …",则称为记名指示提单。这种情况下,由记名的指示人指定收货人或受让人。记名的指示人可以是银行,也可以是贸易商等。

    由于指示提单既转让方便,有一定的流通性,又比不记名提单的安全性强,所以它是国际贸易中使用最为广泛的一种提单。

    (3) 以对货物外表状况有无批注为标准,分为清洁提单和不清洁提单。

    A. 清洁提单(clean B/L),指没有任何有关货物残损、包装不良或其他有碍于结汇的批注的提单。事实上提单正面已印有"外表状况明显良好"(in apparent good order and condition)的词句,若承运人或其代理人在签发提单时未加任何相反的批注,则表明承运人确认货物装船时外表状况良好的这一事实,承运人必须在目的港将接收装船时外表状况良好的同样货物交付给收货人。银行结汇、提单转让一般都要求是清洁提单。

    B. 不清洁提单(unclean B/L,or foul B/L),指承运人在提单上加注有货物及包装状况不良或存在缺陷,如水渍、油渍、污损、锈蚀等批注的提单。承运人通过批注,声明货物是在外表状况不良的情况下装船的,在目的港提取货物时,若发现货物损坏可归因于这些批注的范围,从而减轻或免除自己的赔偿责任。在正常情况下,银行将拒绝以不清洁提单办理结汇。

　　实践中,当货物及包装状况不良或存在缺陷时,托运人会出具保函,并要求承运人签发清洁提单,以便能顺利结汇。由于这种做法掩盖了提单签发时的真实情况,承运人将要承担由此而产生的风险责任,所以承运人应慎重行事,不要轻易接受保函。承运人凭保函签发清洁提单的风险有:承运人不能以保函对抗善意的第三方,因此承运人要赔偿收货人的损失,然后承运人根据保函向托运人追偿赔款;如果保函具有欺骗性质,则保函在承运人与托运人之间无效,承运人将独自承担责任、不能向托运人追偿赔款;承运人接受了具有欺骗性质的保函后,不但要承担赔偿责任,而且还会丧失责任限制的权利;虽然承运人通常会向"保赔协会"投保货物运输责任险,但如果货损早在承运人接收货物以前就已经发生,则"保赔协会"是不负责任的,责任只能由承运人自负;如果承运人是在善意的情况下接受了保函,该保函也仅对托运人有效。但是,托运人经常会抗辩:货物的损坏并不是包装表面缺陷所致,而是承运人在运输过程中没有履行其应当适当、谨慎地保管和照料货物的义务所致。因此,承运人要向托运人追偿也是很困难的。

　　(4) 以不同的运输方式为标准,分为直达提单、转船提单、联运提单和多式联运提单。

　　A. 直达提单(direct B/L),指由同一船舶将货物从起运港直接运抵目的港卸货所签发的提单。直达提单上不能有"转船"或"在××港转船"之类字样的批注。凡信用证规定不得转船的,结汇时必须使用直达提单。

　　B. 转船提单(transshipment B/L or through B/L),指在起运港装载的货物不能直接运往目的港,需要在中途换装其他船舶转运至目的港时承运人签发的提单。目前此种提单背面均规定承运人仅对自己完成的区段承担责任。转船提单一般由负责一程船(由起运港至第一个转运港）的承运人签发并且在提单上加转船批注。因为转船往往增加费用、风险，而且货物在中转港停留的时间不易掌握，对收货人极为不利，因此一般信用证规定不得转船，银行也不接受转船提单。

C. 联运提单（through B/L），指承运人对经由海—海、海—陆、陆—海运输的货物所出具的覆盖全程的提单。比较而言，转船提单只不过是在海—海运输形式下所签发的提单，可以说是联运提单中的一种特例。目前此种提单背面均规定承运人仅对自己完成的区段承担责任。

D. 多式联运提单（combined transport B/L；intermodal transport B/L；multimodal transport B/L），指多式联运经营人对经两种或两种以上的不同运输方式运输的货物所出具的全程提单。多式联运经营人对全程运输承担责任。

（5）以提单签发人不同为标准，分为班轮公司所签发提单和无船承运人所签提单。

A. 班轮公司所签发提单，又称班轮提单（liner B/L），指在班轮运输中，由班轮公司或其代理人所签发的提单。在集装箱班轮运输中，班轮公司通常为整箱货签发提单。

B. 无船承运人所签提单（NVOCC B/L），指由无船承运人或其代理人所签发的提单。在集装箱班轮运输中，无船承运人通常为拼箱货签发提单，当然，无船承运人也可以为整箱货签发提单。

（6）按提单的格式不同为标准分为全式提单和简式提单。

A. 全式提单（long form B/L），指正式印就格式的提单。全式提单既有正面记载的事项，又在背面详细列有承运人与托运人的权利、义务的条款，是国际贸易业务中通常使用的提单。

B. 简式提单（short form B/L），指提单上只有正面必要的记载项目而没有背面条款。简式提单多用于租船合同项下所签发的提单，一般注有"所有条款与条件按照××××年××月签订的租船合同"（All terms and conditions as per charter party dated. ）。如果在班轮运输条件下签发简式提单，大多加注"各项条款及例外条款以本公司正规的全式提单内所列的条款为准"（Subject to the terms and conditions , provisions and exceptions as contained in the carriers regular Long Form B/L）。在法律上简式提单与全式提单效力相同，按惯例银行可以接受。

（7）特殊提单。这类提单是指在特殊情况下，可能是不符合法律规定或者对货运业务有一定影响时所使用的提单。

A. 预借提单（advanced B/L），指由于信用证规定的装运期或交单结汇期已到，而货物尚未装船或货物尚未装船完毕时，应托运人要求而由承运人或其代理人提前签发的已装船提单。即托运人为能及时结汇而从承运人处借用的已装船提单。

B. 倒签提单（anti-date B/L），指在货物装船完毕后，应托运人的要求，由承运人或其代理人签发的提单，但是该提单上记载的签发日期早于货物实际装船完毕的日期。即托运人从承运人处得到的以早于货物实际装船完毕的日期作为提单签发日期的提单。由于倒填日期签发提单，所以称为"倒签提单"。

C. 顺签提单（post-date B/L），指在货物装船完毕后，承运人或其代理人应托运人的要求而签发的提单，但是该提单上记载的签发日期晚于货物实际装船完毕的日期。即托运人从承运人处得到的以晚于该票货物实际装船完毕的日期作为提单签发日期的提单。由于顺填日期签发提单，所以称为"顺签提单"。

倒签提单、顺签提单、预借提单，均侵犯收货人的合法权益，构成侵权行为。如被发现，托运人和承运人要承担严重后果，故应尽量减少使用或杜绝使用。

D. 舱面货提单（on deck B/L），指将货物积载于船舶露天甲板，并在提单上记载"on deck"字样的提单,也称甲板货提单。积载在船舱内的货物(舱内货 under deck cargo)可能比积载于舱面的货物遇到的风险要小,所以承运人不得随意将货物积载于舱面运输。但是,按商业习惯允许装于舱面的货物、法律规定应装于舱面的货物、承运人与托运人协商同意装于舱面的货物可以装于舱面运输。另外,由于集装箱运输的特殊性,通常有 1/3 以上的货物要装于甲板,所以不论集装箱是否装于舱面,提单上一般都不记载"on deck"或"under deck",商业上的这种做法已为有关各方当事人所接受。

E. 过期提单(stale B/L),指出口商在取得提单后未能及时到银行议付的提单,也称滞期提单。在信用证支付方式下,根据《UCP500》第 43 条的规定,如信用证没有规定交单的特定期限,则要求出口商在货物装船日起 21 天内到银行交单议付,也不得晚于信用证的有效期限。超过这一期限,银行将不予接受。过期提单是商业习惯的一种提单,但它在运输合同下并不是无效提单,提单持有人仍可凭其要求承运人交付货物。

F. 交换提单(switch B/L),指在直达运输的条件下,应托运人要求,承运人同意在约定的中途港凭起运港签发的提单,换发以该中途港为起运港的提单,并记载有"在中途港收回本提单,另换发以中途港为起运港的提单"或"switch B/L"字样的提单。由于商业上的原因,为满足有关装货港的要求,托运人会要求承运人签发这种提单。签发交换提单的货物在中途港不换装其他船舶,而是由承运人收回原来签发的提单,再另签一套以该中途港为起运港的提单,承运人凭后者交付货物。

G. 运输代理行提单(house B/L)。这是指由运输代理人签发的提单。运输代理行提单一般只是运输代理人收到货物的收据,不可转让,也不能作为向承运人提货的凭证,所以除非信用证另有规定,银行通常不接受这种提单。

3. 提单记载的内容

（1）提单的正面内容包括以下部分：

A. 托运人（shipper），一般为信用证中的受益人。如果开证人为了贸易上的需要，要求做第三者提单（third party B/L），也可照办。

B. 收货人（consignee）。如要求记名提单，可填上具体的收货公司或收货人名称；如属指示提单，填为"指示"（order）或"凭指示"（to order）；如需在提单上列明指示人，可根据不同要求，填成"凭托运人指示"（to order of shipper），"凭收货人指示"（to order of consignee）或"凭银行指示"（to order of … Bank）。

C. 被通知人（notify party）。这是船公司在货物到达目的港时发送到货通知的收件人，有时即为进口人。在信用证项下的提单，如信用证上对提单被通知人有具体规定时，必须严格按信用证要求填写。如果是记名提单或收货人指示提单，且收货人又有详细地址的，则此栏可以不填；如果是空白指示提单或托运人指示提单则此栏必须填写被通知人名称及详细地址，否则船方就无法与收货人联系，收货人也不能及时报关提货，甚至会因超过海关规定申报时间被没收。

D. 提单号码（B/L NO.），一般列在提单右上角，便于工作联系和查核。发货人向收货人发送装船通知（shipment advice）时，也要列明船名和提单号码。

E. 船名（name of vessel）。应填写货物所装的船名及航次。

F. 装货港（port of loading）。应填写实际装船港口的具体名称。

G. 卸货港（port of discharging）。填写货物实际卸下的港口名称。如属转船，第一程提单上的卸货港填转船港，收货人填第二程船公司；第二程提单装货港填上述转船港，卸货港填最后目的港，如由第一程船公司出联运提单（though B/L），卸货港填最后目的港，提单上列明第一和第二程船名。如经某港转运，要显示"VIA …"字样。在运用集装箱运输方式时，目前使用"联合运输提单"（combined transport B/L)，提单上除列明装货港、卸货港外，还要列明"收货地"(place of receipt)、"交货地"(place of delivery)以及"第一程运输工具"(pre-carriage by)、"海运船名和航次"(ocean vessel，voy. No.)。填写卸货港还要注意同名港口问题，如属选择港提单，就要在这一栏中注明。

H. 货名(description of goods)。在信用证项下货名必须与信用证上规定的一致。

I. 件数和包装种类(number and kind of packages)。要按箱子实际包装情况填写。

J. 唛头(shipping marks)。信用证有规定的，必须按规定填写，否则可按发票上的唛头填写。

K. 毛重，尺码(gross weight，measurement)。除信用证另有规定者外，一般以千克为重量单位列出货物的毛重，以立方米为体积单位列出货物体积。

L. 运费和费用(freight and charges)。一般为预付或到付。如CIF 或 CFR 出口，一般均填上运费预付字样，否则收货人会因运费问题提不到货，虽可查清情况，但拖延提货时间，也将造成损失。如系FOB 出口，则运费可制作"运费到付"字样，除非收货人委托发货人垫付运费。

M. 提单的签发、日期和份数。提单必须由承运人或船长或经承运人授权的代理人签发，并应明确表明签发人身份。一般表示方法有carrier、captain 或"as agent for the carrier：…"等。提单份数一般按信用证要求出具，如"full set of"一般理解成三份正本，若干份副本，同时在各份正本提单上注明为一票货物所签发的正本提单份数，另外正本提单应标注"original"字样，副本提单应标注"copy"字样，副本提单不具有法律效力。等其中一份正本完成提货任务后，其余各份失效。提单签发日期应是提单上所列货物实际装船完毕的日期，并且必须与收货单上大副签收的日期一致。特别是在跟单信用证结汇时，银行要求所提供的单证必须一致,因此提单上所签的日期必须与信用证或合同上所要求的最后装船期一致或先于装船期。如果卖方估计货物无法在信用证的最后装船期之前装上船,应尽早通知买方,要求修改信用证,而不应利用"倒签提单"、"预借提单"等欺诈行为取得货款。

(2)提单的背面条款。正本提单的背面列有许多条款,其中主要有:

A. 定义条款(definition clause)。主要对"承运人"、"托运人"等关系人加以限定。

B. 管辖权条款(jurisdiction clause)。指当提单发生争执时,按照法律,某法院有审理和解决案件的权利。

C. 责任期限条款(duration of liability)。一般海运提单规定承运人的责任期限从货物装上船舶起至卸离船舶为止。集装箱提单则从承运人接受货物至交付指定收货人为止。

D. 包装和标志(packages and marks)。要求托运人对货物提供妥善包装和正确清晰的标志。如因标志不清或包装不良所产生的一切费用由货方负责。

E. 运费和其他费用(freight and other charges)。运费规定为预付的,应在装船时一并支付,到付的应在交货时一并支付。当船舶和货物遭受任何灭失或损失时,运费仍应照付,否则,承运人可对货物及单证行使留置权。

F. 自由转船条款(transshipment clause)。承运人虽签发了直达提单,但由于客观需要仍可自由转船,并不须经托运人的同意。转船费由承运人负担,风险由托运人承担,承运人的责任仅限于其本身经营的船舶所完成的那段运输。

G. 错误申报(inaccuracy in particulars furnished by shipper)。承运人有权在装运港和目的港查核托运人申报的货物数量、重量、尺码与内容,如发现与实际不符,承运人可收取运费罚款。

H. 承运人责任限额(limit of liability)。规定承运人对货物灭失或损坏所造成的损失所负的赔偿限额,即每一件或每计算单位货物赔偿金额最多不超过若干金额。

I. 共同海损(general average,简写作 G. A.),规定若发生共同海损,按照什么规则理算。国际上一般采用 1974 年约克—安特卫普规则理算。在我国,一些提单常规定按照 1975 年北京理算规则理算。

J. 美国条款(American clause),规定来往美国港口的货物运输只能适用美国 1936 年海上货运法,运费按联邦海事委员会(FMC)登记的费率本执行,如提单条款与上述法则有抵触时,则以美国法为准。此条款也称"地区条款"(local clause)。

K. 舱面货、活动物和植物(on deck cargo, live animals and plants)。对这三种货物的接收、搬运、运输、保管和卸货规定,由托运人承担风险,承运人对其灭失或损害不负责任。

4. 有关提单的法规

(1) 国际公约。由于海上货物运输在国际贸易发展过程中的极端重要性,世界各国制定了大量调整提单的法律规范。

A.《海牙规则》,全称为《统一提单的若干法律规则的国际公约》(The International Convention for the Unification of Certain Rules of Law Relating to Bills of Lading,1924),是海上运输方面一个十分重要的公约,至今已得到 50 多个国家的承认。许多国家的航运公司都在其制发的提单上规定采用本规则,据以确定承运人在货物装船、收受、配载、承运、保管、照料和卸载过程中应承担的责任与义务,以及其应享受的权利与豁免。由于《海牙法则》主要由海运业发达的一些国家制定,因此比较明显地偏袒船主的利益。

由于海牙规则过多维护承运人的利益、责任条款不公平和不合理、举证责任不明确等弊端,受到第三世界国家的极力反对,并强烈要求修改本规则。

B.《维斯比规则》和《汉堡规则》。对《海牙规则》的修改存在两个方案:其一,是代表英国及北欧各传统海运国家提出的《修改统一提单的若干法律规则的国际公约》(维斯比规则:1968 年 2 月 23 日签订),该公约只是对《海牙规则》作了一些合理的改进,但未触动海牙规则不合理的基石。其二,是由联合国国际贸易法委员会所属国际航运立法工作组提出的代表第三世界和货方利益的《1978 年联合国海上货物运输公约》(汉堡规则:1978 年 3 月 31 日通过),同《海牙规则》相比,作了根本性修改,明显扩大了承运人的责任。这三个规则在实际的海运业务中,分别为有关国家及其船公司所采用。

我国没有参加《海牙规则》和《维斯比规则》,也没有参加制定《汉堡规则》。为便于国际交往,在实践中采用了《海牙规则》中有关双方权利与义务关系的规定。

C.《联合国国际货物多式联运公约》。20 世纪 70 年代,随着国际贸易的领域和范围不断扩大,多式联运业务得到迅猛发展。为此,联合国制定了《联合国国际货物多式联运公约》(1980 年 9 月 1 日通过),以规范多式联运托运人与承运人之间的权利、义务关系。

(2)国内法规。我国《海商法》于 1993 年 7 月 1 日生效。它是我国第一部全面调整海上运输关系、船舶关系的专门性法规。这部法律中有关海上货物运输合同的规定主要是参照了国际现行三个调整海运提单公约而制定的。

5. 提单的更正

(1)提单的签发。提单的签发包括以下内容:

A. 提单的签发人与签署。提单必须经签署才产生效力。有权签发提单的人包括承运人本人、载货船船长或经承运人授权的代理人。承运人与托运人订立海上货物运输合同,承运人是合同的当事人,当然有权签发提单。各国法律都承认载货船船长是承运人的代理人,因此,船长签发提单不必经承运人特别授权。因代理人无权代签提单,所以代理人签发提单必须经承运人特别授权。

承运人（ABC）本人签发提单显示：ABC as carrier；代理人（XYZ）代签提单显示：XYZ as agent for ABC as carrier；载货船船长（OPQ）签发提单显示：captain OPQ as master。

提单签署的方法除传统的手签方法外，只要没有特殊的规定，如信用证不规定必须手签提单，则可以采用印模、打孔、盖章等方法，只要不违反提单签发地所在国国家的法律，用任何其他机械的或电子的方法均可。

B. 提单记载内容。提单记载的内容是否正确无误，不但关系到承运人的经济利益，而且还影响到承运人的信誉。为了使所签发的提单字迹清晰、整洁，内容完整、不错不漏，就要求提单的签发人在签发提单前，必须对提单所记载的，包括提单的各个关系人的名称、货物的名称、包装、标志、数量和外表状况等项内容的必要记载事项进行认真仔细的核对、审查，使不正确的内容能得到及时纠正。由于货物的原始收据是杂货运输中的收货单或集装箱运输中的场站收据，所以提单的签发应以收货单或场站收据为依据。

C. 提单的份数和签发日期。提单有正本提单和副本提单之分，通常所说的提单都是指正本提单。副本提单只用于日常业务，不具有法律效力。为了防止提单遗失、被窃或在转递过程中发生意外事故造成灭失，各国海商法和航运习惯都允许为一票货物签发一套多份正本提单。签发正本提单的份数应分别记载于所签发的各份正本提单上。在提单上注明为一票货物所签发的正本提单份数，以使提单的合法受让人了解全套正本提单的份数，防止提单流失在外引起纠纷，保护提单受让人的利益；同时使接受提单结汇的银行，或者使在变更卸货港交付货物的承运人的代理人，了解用以办理结汇或者提取货物的提单是否齐全。

另外，正本提单应标注"original"字样。当需要表示全套提单中的每一份是其中的第几份时，如全套提单一式三份，有少数国家会用"original"、"duplicate"和"triplicate"来分别表示其为全套提单中的第一联、第二联和第三联。但是，由于duplicate、triplicate等字样在其他场合中使用时并不表示正本的意思，所以，为了表示该份正本提单是全套提单中的第几份时，应该使用"first original"、"second original"和"third original"等字样。特别是用"2nd original"和"3rd original"来代替"duplicate"和"triplicate"。标注"copy"字样的是副本提单。

提单上记载的提单签发日期应是提单上所列货物实际装船完毕的日期。集装箱班轮运输中，为了给承运人签发提单提供方便，实践中大多以船舶开航之日（sailing date）作为提单签发日期。但是，应该注意的是，"sailing date"并不一定是"on board date"。

（2）提单的更改，包括以下内容：

A. 提单的更正要尽可能赶在载货船舶开航之前办理，以减少因此而产生的费用和手续。

B. 提单在缮制过程中出现个别字母的差错，可以加盖更正章予以更正，但该字母的差错必须是不影响该词或该语句的含义。

C. 每一份提单的更改不得超过三处，否则必须重新缮制、签发提单。

D. 对手签提单的更改应从严掌握。

E. 如在正本提单签发后（即船舶开航后）发生的变更，修改后的提单必须及时通知船公司和中转港代理或卸货港代理。

F. 因提单更改需要重新签发提单的，必须要求托运人、订舱人交还原来已签发的全套正本提单。在实际业务中，提单可能是在托运人办妥托运手续后，货物装船前，在缮制有关货运单证的同时缮制的。在货物装船后，这种事先缮制的提单可能与实际装载情况不符而需要更正或者重新缮制。此外，货物装船后，因托运货物时申报材料有误，或者信用证要求的条件有变化，或者其他原因，而由托运人提出更正提单内容的要求。这种情况下,承运人通常都会同意托运人提出的更正提单内容的合理要求,重新缮制提单。

如果货物已经装船,而且已经签署了提单,托运人才提出更正的要求,承运人在考虑各方面关系后,才能决定是否同意更改。如果更改内容不涉及主要问题,在不妨碍其他提单利害关系人利益的前提下,承运人会同意更改;如果更改的内容涉及其他提单利害关系人的利益,或者影响承运人的交货条件,则承运人要征得有关方的同意,才能更改并收回原来所签发的提单。

因更改提单内容而引起的损失和费用,都由提出更改要求的托运人负担。

(3)提单的补发。如果提单签发后遗失,托运人提出补发提单,承运人会根据不同情况进行处理。一般是要求提供担保或者保证金,还要依照一定的法定程序将提单声明作废,并检查目的港收货人是否已提货。

(4)提单的背书。提单是"物权凭证",不论是记名提单、不记名提单,还是指示提单,在凭提单提货或者换取提货单时,收货人都应在提单上记载提货的意思表示。通常是由收货人在提单的背面盖章、签字。关于提单转让的规定为:记名提单不得转让;不记名提单无需背书即可转让;指示提单经过记名背书或者空白背书可以转让。可见,"背书"是指"指示提单"在转让时进行的背书。实践中,背书有以下几种方式:

A. 记名背书,又称完全背书,是指背书人在提单背面写明被背书人(受让人)的名称,并由背书人签名的背书形式。经过记名背书的指示提单将成为记名提单性质的指示提单。

B. 指示背书,指背书人在提单背面写明"凭×××指示"的字样,同时由背书人签名的背书形式。经过指示背书的指示提单还可以继续进行背书,但背书必须连续。

C. 不记名背书,又称空白背书,是指背书人在提单背面由自己签名,但不记载任何受让人的背书形式。经过不记名背书的指示提单将成为不记名提单性质的指示提单。

(5)提单的缴还。收货人提货时必须以提单为凭,而承运人交付货物时必须收回提单并在提单上做作废的批注。这是公认的国家惯例,也是国际公约和各国法律的规定。提单的缴还和注销表明承运人已完成交货义务,运输合同已完成,提单下的债权、债务也因此解除。但是,提单缴还和注销并不必然表明提单可能代表的物权的终止,因为缴还和注销的提单可能是全套提单中未经授权转让的一份。提单没有缴还给承运人时,承运人就必须继续承担运输合同和提单下的义务。如果承运人无提单放货,他就必须为此而承担赔偿责任。

6. 特殊的提单放货形式——电放

(1)电放,即电报放货(telex release),是指正本提单未到收货人手中,或根据托运人要求在装船港收回正本提单,或不签发正本提单,以电传、传真的形式通知卸船港代理将货交给提单收货人或托运人指定的收货人。

(2)电放条件包括以下内容:

A. 实行电放的双方代理需要事先达成协议或默契,就电放业务的经办人、通知方式、电放格式订立备忘录。

B. 电放应由托运人提出书面申请,在已签发正本提单的情况下,应收回全套正本提单。

C. 如托运人不能交回全套正本提单,则应至少交回一份经正确背书的正本提单,同时应签署保函(保函格式见附件 1)。

D. 电放通知应签署协议。

三、海运提单的制单要点

海运提单的格式由各船运公司自行确定,在形式上各有特色,但都包括了以下主要内容：

（1）承运人（carrier）。提单上必须表明以轮船公司身份注册的承运人，以防欺诈，否则银行不予接受。

（2）托运人（shipper），即发货人，信用证方式下为信用证受益人，托收方式下为托收的委托人。

（3）收货人（consignee），按合同或信用证规定填写。记名提单直接填收货人，不记名提单填"to bearer"，指示提单填 to order 或 to the order of … 。凡指示提单都需进行背书才能有效转让。

（4）被通知人（notify party），信用证方式下按信用证规定填写，托收方式下一般为托收的付款人。该栏必须要有详细的名称和地址。

（5）船名、港口，一般主要包括：提单项目、转船、直达等。

pre-carriage by：第一程船船名 空白

place of receipt：船方收货的港口 空白

ocean vessel voy. No. ：第二程船船名 船名

port of loading：转运港 装运港

port of discharge（destination）：卸货港 目的港

place of delivery：最终目的地 与卸货港同则空白

（6）唛头（marks）和集装箱号码（container No.）：若信用证规定了唛头，则按其规定；若未规定，则按双方约定或由卖方自定。无唛头则填"N/M"。

（7）包装与件数（No. & kind of packages）。单位件数与包装都要与实际货物相符，并在大写合计数内填写英文大写文字数目，若有两种以上不同包装单位，应分别填写，再合计。散装货，只填 in bulk ，大写栏可留空不填。

（8）商品名称（description of goods）。按信用证规定，并与发票等单据一致，若货物品名较多，可用总称。

提单样本如下：

Shipper	BILL OF LADING B/L No. :
Consignee	**COSCD** 中国远洋运输公司 CHINA OCEAN SHIPPING COMPANY
Notify Party	

Pre Carriage by	* Place of Receipt	
Ocean Vessel Voy. No.	Port of Loading	

Port of Discharge	* Final Destination	Freight Payable at	Number Original Bs/L

Marks and Numbers	Number and Kind of Packages; Description	Gross Weight	Measurement m³

Total Packages(In Words)

Freight and Charges

Place and Date of Issue
Signed for the Carrier

* Applicable only when document used as a Through Bill of Loading

（9）毛重和体积（gw & mear）。若信用证无特别规定,则只填总毛重和总体积。若为集装箱货,毛重包括货物的毛重和集装箱的皮重,体积则按集装箱计,一般一个 20 尺的集装箱体积为 27 立方米。

（10）运费支付(freight & charges)：一般有两种：prepaid 或 collect。

（11）签发地点与日期(place and date of issue)：地点一般在装运港所在地,日期按信用证要求,一般要早于或与装运期为同一天,要避免倒签提单和预借提单。

（12）承运人签章。提单必须由承运人或其代理人签字才有效。若信用证要求手签,也须照办。

（13）提单签发份数(Nos. of original B/L)。信用证方式下按信用证规定,一般都是三份。

（14）提单号码(B/L No.),在提单右上角,主要是为了便于联系工作和核查。

（15）其他：提单上还应注明"on board"字样,正本要注明"original",有时还要注明货物的交接方式,如"CY－CY","CFS－CY"等。

第六节　保　险　单　据

一、保险单简介

出口货物在长途运送和装卸过程中,有可能会因自然灾害、意外事故或其他外来因素而导致受损。为了保障收货人在货物受损后获得经济补偿,一般在货物出运前,货主都向保险公司办理有关投保事宜,并按合同或信用证要求仔细、认真地填写货物运输险投保单交给保险公司,保险公司若接受了投保,就签发给投保人一份承保凭证即保险单(insurance policy)。有时,出口方也可以以出口货物明细单或出口发票副本来代替投保单,但必须加注如运输工具、开航日期、承保险别、投保金额或投保加成、赔款地、保单份数等。

保险单样本如下:

中国人民保险公司

The People's Insurance Company of China

发票号码	保 险 单	保险单号:
Invoice No:	**INSURANCE POLICY**	Policy No.:

This policy of Insurance witnesses(that The People's Insurance company of China called "The Company")At the request of _____ (Here in first called the "insured"), and in consideration of the agreed premium paying to the company by the insured, undertakes to insure the undermentioned goods in transportation subject to the conditions of the policy as per the Clauses printed overleaf and other special clauses attached hereon.

Amount insured

Marks & notes

Quantity

Description of goods

(Total Amount Insured) _____

Premium _____ Rate _____ Per conveyance S. S _____

Sailing. On of abt _____ From _____ to _____

conditions.

Claims, if any, payable on surrender of this Policy together with other relevant documents. In the event of accident where by loss or damage may result in a claim under this Policy immediate notice applying for Survey must be given to the company's Agent as mentioned hereunder.

Claim payable at _____

Date: _____

Address: _____

Stamp & Signature

当被保险货物遭受到保险凭证责任范围内的损失时,保险单是索赔和理赔的依据;在 CIF 合同中,保险单同时又是卖方向买方提供的出口结汇单据之一。保险单据有保险单、保险凭证和预约保单等,因它只是保险人单方面签署的,所以只是保险人与被保险人之间订立保险合同的证明,而不是保险合同。

二、国际货物运输保险实务

进出口货物办理运输保险时,首先要按规定格式填制保险单,具体列明被保险人名称、保险货物项目、数量、包装与标志、投保险别、保险金额等项目;其次,交纳保险费,取得保险单证,如发现进出口货物在保险责任范围内发生损失,被保险人在有效期内办理索赔等。在办理进出口货物运输保险时要做的主要工作有:

(1) 选择投保险别。进出口货物运输保险的投保人应该具有预期保险利益,即投保人(买方或卖方)对保险标的物所拥有某种合法的经济利益,由于保险人对不同的险别承担不同的责任范围,投保人在投保时按照买卖双方约定投保的险别进行投保。选择投保险别一般要考虑:货物的性质和特点,货物运输工具和路线,国际上政治、经济形势的变化,货物的残损规律等。

(2) 确定保险金额。保险金额是保险人所应承担的最高赔偿金额。保险金额一般应由买卖双方经过协商确定,按照国际保险市场习惯,通常按 CIF 或 CIP 总值加 10% 计算。所加的百分率称为投保加成率,它作为买方的经营管理费用和预期利润加保。在 CIF 或 CIP 合同中,如买方要求以较高加成率计算保险金额投保时,在保险公司同意承保条件下,我出口方也可接受,但此而增加的保险费,原则上应由买方支付。

(3) 交付保险费。投保人交付保险费,是保险合同生效的前提条件。保险费是保险人经营业务的基本收入。

保险公司收取保险费的计算方法是:

$$保险费=保险金额×保险费率$$

保险费率是按照不同商品、不同目的地、不同运输工具和不同险别,由保险公司在货物损失率和赔付率的基础上,参照国际保险费率水平而制定的。

(4) 取得保险单据。保险单据是保险公司和投保人之间的保险合同,也是保险公司对投保人的承保证明,它具体规定双方之间的权利和义务,也是索赔和理赔的依据。在国际贸易中,保险单据可转让。

(5) 保险索赔。当货物遭受承保范围内的损失时,具有保险利益的人,应在分清责任的基础上确定索赔对象,备好必要的索赔单据。并在索赔时效内(一般为 2 年)提出索赔。由于货运保险一般为定值保险,如货物遭受全损,应赔偿全部保险金额。如货物遭受部分损失,则应正确计算赔偿金额。对某些易破和短量的货物的索赔,应了解是否有免赔规定。有的不论损失程度,一律给予赔偿。也有的规定一定的免赔率,免赔率有相对免赔率和绝对免赔率之分,前者不扣除免赔率全部予以赔偿,后者则扣除免赔率,只赔超过部分。中国人民保险公司采用绝对免赔率的办法,当货物遭受承保范围内的损失,而其损失应由第三者(如承运方、海关等)负责时,则被保险人在取得赔款后,应将向第三者追偿的权益转让给保险人,以使其取得代位权。

在保险业务中,为了防止被保险人的双重获益,保险人在履行赔偿后。在其赔付金额内,要求被保险人转让其对造成损失的第三者责任方要求赔偿权利,这种权利称代位权。在实际业务中,保险人需首先向被保险人进行赔付,才能取得代位权。被保险人在获得赔偿后签署一份权益转让书,作为保险人取得代位权的证明。保险人便可凭此向第三者责任方进行追偿。

如果被保险人的货物遭受严重损失,而要求按推定全损处理时,应向保险人提出委付通知,否则,保险人只按部分损失赔偿。

我国进出口货运保险有两种办法,按 CIF 条件出口时,采取逐笔投保,一般按发票金额的 110% 投保约定的险别。按 FOB 和 CFR 条件进口时,采取预约保险,保险金额一般按 CIF 价计算。各外贸公司同中国人民保险公司签订有各种运输方式进口预约保险合同,各外贸公司对每批进口货物,无需填制投保单,而仅以国外的装运通知代替投保单。

(6) 合同中的保险条款。保险条款是进出口合同中的重要组成部分,必须订得明确合理。保险条款的内容包括:① 由谁办理保险。② 保险险别。③ 保险金额的确定方法。④ 按什么保险,并注明该条款的生效日期。

如果是在合同中订明由买方委托卖方代办保险,要明确保险费由买方负担。

三、提单制单要点

投保单的内容与保险单基本相似,不同的保险公司都有自己固有的保险单格式,其基本内容及缮制要点如下:

(1) 被保险人。若信用证有规定,应按规定。以 CIF 条件对外成交时,一般为出口商,此时出口商应对保单进行背书转让。

(2) 发票号码。按实际号码填写。

(3) 标记(marks & Nos.)。按信用证规定,应与发票、提单相一致。

(4) 包装及数量。填单件运输包装的件数及商品数量,若为散装,则应先注明"in bulk",再填重量。

(5) 保险物资项目(description)。填商品的名称,可与提单一致。

(6) 保险金额(小写)。应为发票金额加上投保加成后的金额,并注明币制,币制应与信用证规定相符,或与发票相符。

(7) 总保险金额(大写)。即小写保险金额的英文翻译。

(8) 装载运输工具(per conveyance S. S)。要与运输单据一致。可填船名、航次、航班号或车次,海运方式下也可填 as per B/L。

(9) 开行日期及起讫地点。可填提单签发日,或填"as per B/L"。

(10) 承保险别。按合同或信用证的规定,如:Covering all risks as per ocean marine cargo clauses (1981. 1. 1)of the PICC。

(11) 赔款偿付地点。一般为目的地,并注明使用货币的币种。

(12) 保险勘查代理人。由保险公司自定,但要提供其地址,以便发生损失时收货人通知其进行勘查和理赔。

（13）签发地点和日期。签发日期须早于运输单据的签发日期，才能证明是在装运前办理的投保。

（14）保险公司签章。经签章后保险单才能生效。

第七节　原产地证书

一、原产地证明简介

原产地证明书（certificate of origin）是卖方应进口商的要求，自行签发或向特定的机构申请后由其签发的，证明出口商品的产地或制造地的一种证明文件。它是决定出口产品在进口国受何种关税待遇的重要证明文件，也是进口国对某些国家或某种商品采取控制进口额度和进口数量的依据。我国国家商品检验检疫局和中国国际贸易促进委员会分别代表官方和民间机构对外签发原产地证明。常见的原产地证明有一般原产地证明书和普惠制产地证表格 A。若合同或信用证没有要求时，可由出口方自己缮制并签发出具。该类证书内容简单，办理的手续最简便，且便于更改和更换，也不需支付任何签证费用。

二、中国国际贸易促进委员会与商检局签发的一般原产地证明

一般原产地证明，简称产地证，是指中华人民共和国出口货物原产地证明书，它是证明中国出口货物符合《中华人民共和国货物原产地规则》，确实是中华人民共和国原产地的证明文件。

中国国际贸易促进委员会（CCPIT）与国家商检局都可签发一般原产地证明，其签发格式统一，编号统一，并统一由国家指定机构印制发放，有长城水印防伪花纹，出口商需要时，向商检局或贸促会购买。在每批货物报关出运前 3 天，根据信用证、合同规定缮制好，并按要求

向上述机构申请签发。申请时,提交全套已制好的原产地证书及合同、商业发票和箱单的副本各一份,贸促会或商检局在证(一正三副)书正本上盖章,并留一份黄色副本备查。其缮制要求如下:

(1) 出口商(exporter)。按实际填写,信用证项下为受益人。

(2) 收货人。一般为进口商名称、地址及所在国(consignee full name,address,country)。

(3) 运输方式和路线(means of transport and route)。按信用证或合同规定,填起运地、目的地及采用的运输方式。

(4) 目的地国家或地区(country/region of destination)。一般应与最终收货人或最终目的港国别一致,不能填中间商国家的名称。

一般产地证样本:

ORIGINAL

1. Exporter	Certificate No.
2. Consignee	**CERTIFICATE OF ORIGIN** **OF** **THE PEOPLE'S REPUBLIC OF CHINA**
3. Means of transport and route	5. For certifying authority use only
4. Country / region of destination	
6. Marks and numbers 7. Number and kind of packages; description of goods	8. H. S. Code 9. Quantity 10. Number and date of invoices

11. Declaration by the exporter
    The undersigned hereby declares that the above details and statements are correct, that all the goods were produced in China and that they comply with the Rules of Origin of the People's Republic of China.
 	
--- 	
Place and date, signature and stamp of authorized signatory
	12. Certification
	    It is hereby certified that the declaration by the exporter is correct.
	
	--- 	
	Place and date, signature and stamp of certifying authority

（5）供出证方使用（for certifying authority use only）。由签证机构在签发后发证书、补发证书或加注其他声明时使用，一般留空不填。

（6）标记唛码（marks & Nos.）。应照发票上所列唛头填写完整，若没有唛头，则填"N/M"，不得留空不填。

（7）品名及包装种类和件数（descripion of goods，number and kind of packages）。一般应按商业发票填写，品名要具体，不得概括；包装种类和件数要按具体单位填写总的包装件数，并在阿拉伯数字后加注英文表述，末行要打上表示结束的符号"****"，以防添加。若货物为散装，则在品名后加注 in bulk。

（8）HS 编码（HS code）。按规定填写，不得留空。

（9）数量或重量（quantity or weight）。填写出口货物数量值及商品计量单位，若无则填重量。

（10）发票号码及日期（number and date of invoice）。按实际填写。如：invoice No.：FHTO21T；invoice date：Dec 10，2009。

（11）出口商声明（declaration by the exporter）。已事先印好，由出口公司填写签发地点、日期并盖公章和专人签字，且不得重合。

（12）证明（certification）。由中国国际贸易促进委员会或商检局签发地点、日期、盖章和手签。

三、普惠制产地证制单要点

普遍优惠制（简称普惠制）是发达国家对发展中国家向其出口的制成品或半成品货物，普遍给予的一种关税优惠待遇的制度。

目前实行普惠制待遇的国家，除了美国之外，其余全都对中国实行普惠制待遇。凡享受普惠制待遇的商品，出口方一般应向给惠国提供原产地证书表格 A。该证书纹面为绿色扭索型图案，由出口企业在货物出运前 5 天自行缮制好，连同该证书申请及商业发票一份送交各地商检局审核，商检机构接受申请后，审核无误即签发正本一份进行议付(副本由出口商自己签章),除第 6、第 8、第 10、第 11、第 12 栏不能更改外,其他各栏也只能更改一处,并要加盖商检局更正章。其内容及缮制如下:

(1) 出口商名称、地址及所在国(exporter's business name, address, country)。此栏是强制性的,必须填上出口商的全称和详细地址,包括街道及门牌号码等。

(2) 收货人名称、地址、国家(consignee's name, address, country)。一般为给惠国的收货人名址,不能填中间商名址。

(3) 运输方式和路线(means of transport and route)。按信用证或合同规定,填起运地、目的地及采用的运输方式。

(4) 供官方使用(for official use)。由签证机构根据需要填写。

(5) 商品项目编号(item number)。有几种商品,就给之编几个号码,如 1、2、3 等;若只有一种商品,此栏填 1。

(6) 标记唛码(marks & Nos. of packages)。应按实际填写,若唛头过多可利用第 7、第 8 栏。

(7) 品名及包装种类和件数(description of goods, number and kind of packages)。一般应按商业发票填写,品名要具体,不得概括;包装种类和件数要用阿拉伯数字和英文同时表示,在下行要打上表示结束的符号"****",以防加添。若货物为散装,则在品名后加注"in bulk"。

(8) 原产地标准(origin criterion)。应根据规定填写,要求如下:

A. 完全自产于出口国的产品:输往给惠国时,填写"P"。对澳大利亚和新西兰出口时,可不必填写。

B. 经过出口国充分制作或加工的产品,输往不同国家时,其填写要求如下:

加拿大:对于在两个或两个以上受惠国内加工或制作且符合原产地标准的产品,填"G",其他填"F"。

外贸单证实务

日本、挪威、瑞士和欧盟：填"W"，其后填明出口产品 HS 编码的前四位税则号如："W"9618。

白俄罗斯、保加利亚、捷克、匈牙利、哈萨克斯坦、波兰、俄罗斯联邦、乌克兰和斯洛伐克：对于在出口受惠国增值的产品，填"Y"，其后

普惠制产地证样本如下：

ORIGINAL

1. Goods consigned from（Exporter's business name，address，country）	Reference No.
	GENERALIZED SYSTEM OF PREFERENCES CERTIFICATE OF ORIGIN （Combined declaration and certificate） FORM A
2. Goods consigned to（Consignee's name，address，country）	Issued in THE PEOPLE'S REPUBLIC OF CHINA ———————————————————— （country） See Notes overleaf

3. Means of transport and route（as far as known）	4. For official use

5. Item number	6. Marks and numbers of packages	7. Number and kind of packages；description of goods	8. Origin criterion（see Notes overleaf）	9. Gross weight or other quantity	10. Number and date of invoices

11. Certification It is hereby certified，on the basis of control carried out，that the declaration by the exporter is correct.	12. Declaration by the exporter The undersigned hereby declares that the above details and statements are correct，that all the goods were produced in **CHINA** ———————————————— （country） and that they comply with the origin requirements specified for those goods in the Generalized System of Preferences for goods exported to
———————————————————— Place and date，signature and stamp of certifying authority	———————————————————— Place and date，signature and stamp of authorized signatory

注明进口原料和部件的价值在出口产品离岸价格中所占的百分率,如"Y" 45%,对于在一个受惠国生产而在另一个或数个其他受惠国制作或加工的产品,填写"PK"。

澳大利亚和新西兰:原产地标准栏不必填写,在第12栏作出适当申报即可。

美国:对于单一国家产的货物,填"Y",对于被认定的国家集团生产的货物填写"Z",其后填明本国原料的成本或价值加上直接加工成本在该出口货物出厂价中所占的百分率(如"Y" 35%或"Z" 35%)。

(9) 数量或重量(quantity or weight)。填写出口货物的量值及商品计量单位,若无则填重量。

(10) 发票号码及日期(number and date of invoice)。按实际填写,如:invoice No.:FHTO21T invoice date:Dec 10,2009。

(11) 出口商声明(declaration by the exporter)。已事先印好,由出口公司填写签发地点、日期并加盖公章和专人签字,公章应为中英文对照章,且签字与公章不得重合。

(12) 证明(certification):由商检局签发地点、日期、盖章和手签。

四、FORM E 和 FOEM F 产地证

1. FORM E 产地证

自2005年7月20日起,国家质检总局设在各地的出入境检验检疫机构开始签发中国—东盟自由贸易区的优惠原产地证明书FORME。签发的产品范围主要为:活物;肉类和食用杂碎;鱼类、甲壳动物、软体动物及其他水生无脊椎动物;乳品、蛋品和天然蜂蜜、他处未列明未包括的食用动物产品;剪枝花和装饰用植物叶;蔬菜、食用根和块茎;食用水果和坚果;皮革制品;鞍具和模具;旅行用品;手提包及类似盛具;动物肠线(蛋胶丝除外)制品;毛皮、人造毛皮及其制品、羊毛、细或粗动物毛;马毛纱线和机织织物;棉花;针织和钩编织物;针织

或钩编的服装制品和服装附件；非针织或非钩编的服装制品和服装附件；其他纺织制成品；成套制品、旧衣服和旧纺织品、破碎织物等。只要签发了 FORME 证书，就相当于有了一个"经济护照"，该批货物就能够享受优惠的进口国关税，平均减税幅度可达 5%。

2. FORM F 产地证

FORM F 是中国对智利贸易协定证书。中国与拉美的第一个自由贸易协定《中国—智利自由贸易协定》2006 年 10 月 1 日起实施。国家授权各地检验检疫局办理中智优惠证书（简称 FORM F）。深圳的企业凭借 FORM F 证书可享受近 6 000 种对智利出口产品的零关税优惠。纺织、塑料、机电等行业出口以及从智利进口铜等产品将从中获益。占两国税目总数的 97% 的产品将于 10 年内分阶段降为零。

3. FORM F 的办理

（1）向出入境检验检疫局备案，申办该证书；已经注册备案的可向该局申请开通此项业务。

（2）可获优惠的产品有：① 中国境内种植、养殖、捕捞、生产加工的产品。② 产品中可含进口成分，但来自原产国的原材料的价格值不少于 40%。

（3）必须符合直运条款，即中途不得加工。

（4）出货前后 30 天内办理。4 个月内向对方海关提交证书。

（5）协定实施之日起 2 个月内已在中国的，或在海关仓库和保税区暂存的货物，未办理清关手续的货物，可申请补办 FORM F 证书。

第八节　检　验　证　书

一、商品检验

商品检验是国际贸易发展的产物。它随着国际贸易的发展成为商品买卖的一个重要环节和买卖合同中不可缺少的一项内容。商品检验体现不同国家对进出口商品实施品质管制。通过这种管制，在出口商品生产、销售和进口商品按既定条件采购等方面发挥积极作用。

1. 商品检验的内容和依据

《中华人民共和国进出口商品检验法》规定，进出口商品实施检验的内容，包括商品的质量、规格、数量、重量、包装以及是否符合安全、卫生要求。检验的依据主要以买卖合同（包括信用证）中所规定的有关条款为准。

2. 进出口商品检验工作程序

我国进出口商品检验工作，主要有 4 个环节：接受报验、抽样、检验和签发证书。

（1）接受报验。报验是指对外贸易关系人向商检机构报请检验。报验时需填写"报验申请单"，填明申请检验、鉴定工作项目和要求，同时提交对外所签买卖合同，成交小样及其他必要的资料。

（2）抽样。商检机构接受报验之后，及时派员赴货物堆存地点进行现场检验、鉴定。抽样时，要按照规定的方法和一定的比例，在货物的不同部位抽取一定数量的、能代表全批货物质量的样品（标本）供检验之用。

（3）检验。商检机构接受报验之后，认真研究申报的检验项目，确定检验内容，仔细审核合同（信用证）对品质、规格、包装的规定，弄清检验的依据，确定检验标准、方法，然后抽样检验，仪器分析检验；物理检验；感官检验；微生物检验等。

（4）签发证书。在出口方面，凡列入［种类表］内的出口商品，经商检验合格后签发放行单（或在"出口货物报关单"上加盖放行章，以代替放行单）。凡合同、信用证规定由商检部门检验出证的，或国外要求签检证书的，根据规定签发所需封面证书；不向国外提供证书的，只发放行单。[种类表]以外的出口商品,应由商检机构检验的,经检验合格发给证书或放行单后,方可出运。在进口方面,进口商品经检验后,分别签发"检验情况通知单"或"检验证书",供对外结算或索赔用。凡由收、用货单位自行验收的进口商品,如发现问题,供对外索赔用。对于验收合格的,收、用货单位应在索赔有效期内把验收报告送商检机构销案。

二、商品检验证书概述

商品检验证明书(inspection certificate)是由中国出入境检验检疫局以国家行政机构的身份,对进出口商品进行检验和鉴定后对外签发的、具有法律效力的证书,它是证明卖方所交货物与合同规定是否相符的依据,也是报关验放的有效凭证。我国办理进出口商检的官方机构是中国出入境检验检疫局(CIQ),而出入境检验检疫公司(CCIC)则作为民间机构办理商品的出入境检验检疫。

1. 商品检验证书的作用

商品检验证书关系到有关各方的经济责任和权益,其作用表现为:

(1) 作为卖方所交付货物的品质、重量、数量、包装及卫生条件等是否符合合同规定的依据。

(2) 作为买方对品质、数量、重量、包装等提出异议、拒收货物、要求赔偿的凭证。

(3) 作为卖方向银行议付货款的单据之一。

(4) 作为出口国和进口国海关验关、放行的有效证件。

(5) 作为证明货物在装卸、运输中实际状况、明确责任归属的依据。

商品检验证书起着公正证明的作用,是买卖双方交接货物、结算货款和处理索赔、理赔的主要依据,也是通关纳税、结算运费的有效凭证。

我国对进出口商品的检验有法定检验和鉴定业务两类。若需要检验的商品,均需在出口报关前到商检机构申请商检。否则,凡属法定检验的商品,若报关单上没有"商检放行章",海关将不接受申报,而非法定检验但必须要商检并出具证明的商品,若未经商检机构检验和发证的,有关银行将不予以结汇。

2. 商品检验证书的内容

(1) 重量证明书(certificate of weight)。

(2) 由中国进出口商品检验检疫局出具的品质和数量检验证明书一式三份(certificate of inspection certifying quality & quantity in triplicate issued by C. I. B. C.)。

(3) 植物检疫证明书(phytosanitary certificate)。

(4) 植物检疫证明书(plant quarantine certificate)。

(5) 熏蒸证明书(fumigation certificate)。

(6) 无活虫证明书(熏蒸除虫证明书)(certificate stating that the goods are free from live weevil)。

(7) 卫生证书(sanitary certificate)。

(8) 卫生(健康)证书(health certificate)。

(9) 分析(化验)证书(analysis certificate)。

(10) 油仓检验证明书(tank inspection certificate)。

(11) 油温记录单(record of oil temperature)。

(12) 黄曲霉素检验证书(certificate of aflatoxin negative)。

(13) 无黄曲霉素证明书(non-aflatoxin certificate)。

(14) 中国商品检验局签发之重量检验证明书(survey report on weight issued by C. I. B. C.)。

(15) 检验证书(inspection certificate)。

（16）中国商品检验局签发之检验证明书（inspection and testing certificate issued by C. I. B. C. ）。

三、出境货物报检单的制单

1. 出境货物报检单的制单要点

发货人一般在货物装运前至少 10 天,填制出境货物报检单向当地商检机构申请报验,商检机构检验后出具相关证书。出境货物报检单的填制要求如下:

（1）发货人名称:出口公司的中英文名称（一般用英文）。

（2）收货人（英文）:依信用证规定,一般为收货人或进口商。

（3）货物名称（中英文）:按信用证规定,一般与提单一致。

（4）HS 编码:按海关核发的商品编码填写。

（5）产地:按实际填写。

（6）报验数/重量:按实际应检验商品填写。

（7）货物总值:即发票金额。

（8）包装种类及数量:填商品外包装的数量,散装货物填"in bulk"。

（9）输往国别与地区:按实际填写。

（10）存货地点:报验时若需对检验商品取样,则应到其存货地点。

（11）随附单据:在相应方框内打"√",需要卫生证时,要有卫生注册证及厂检合格单。需换证凭单（出口货物不在出运口岸而在发运地商检）时,要有预验结果单。

（12）需要证单名称:在相应的证单上打"√"。

值得注意的是,填写出境货物报检单时,一批商品需要一份申请,不能涂改,特殊要求应预先申明,若要修改商检条款,应及时办理手续,若要撤销报验,则需书面申请。

2. 报检单样本

中华人民共和国出入境检验检疫
出境货物报检单

报检单位（加盖公章）：　　　　　　　　　　　　　　　　　　　＊编　　号_____

报检单位登记号：　　　　　　　联系人：　　电话：　　　　报检日期：　年　月　日

发货人	（中文）	
	（外文）	
收货人	（中文）	
	（外文）	

货物名称（中/外文）	H.S.编码	产地	数/重量	货物总值	包装种类及数量

运输工具名称号码		贸易方式		货物存放地点	
合同号		信用证号		用途	
发货日期		输往国家（地区）		许可证/审批号	
启运地		到达口岸		生产单位注册号	

集装箱规格、数量及号码

合同、信用证订立的检验检疫条款或特殊要求	标记及号码	随附单据（划"√"或补填）	
		□ 合同	□ 包装性能结果单
		□ 信用证	□ 许可/审批文件
		□ 发票	□ 厂检单
		□ 换证凭单	□
		□ 装箱单	□

需要证单名称（划"√"或补填）		＊检验检疫费	
□ 品质证书 ___正__副	□ 植物检疫证书 ___正__副	总金额 （人民币元）	
□ 重量证书 ___正__副	□ 熏蒸/消毒证书 ___正__副		
□ 数量证书 ___正__副	□ 出境货物换证凭单 ___正__副	计费人	
□ 兽医卫生证书 ___正__副	□ 动物卫生证书 ___正__副		
□ 健康证书 ___正__副	□	收费人	
□ 卫生证书 ___正__副			

报检人郑重声明：	领取证单	
1. 本人被授权报检。	日期	
2. 上列填写内容正确属实，货物无伪造或冒用他人的厂名、标志、认证标志，并承担货物质量责任。 　　　　　　　　　　　　　签名：_____	签名	

注：有"＊"号栏由出入境检验检疫机关填写。　　◆ 国家出入境检验检疫局制[1-2 (2008.1.1)]

外贸单证实务

70

3. 商检委托书样本

_____出入境检验检疫局：

本委托人郑重声明，保证遵守中华人民共和国出入境检验检疫有关法律、法规的规定和检验检疫机构制定的各项规章制度。如有违法行为，自愿接受检验检疫机构的处罚并负法律责任。

本委托人所委托受托人向出入境检验检疫机构提交的"报验单"和随附各单据所列内容是真实无讹的。具体委托情况如下：

本单位将于_____年____月间进口/出口如下货物：

品名：

数(重)量：

合同号：

信用证号：

特委托_____（地址：   ）

代表本公司办理检验检疫事宜，期间产生的一切相关的法律责任由本公司承担。请贵局按有关法律规定予以办理。

委托方名称：   委托方印章：

单位地址：

邮政编码：

法人代表：

联系电话：

企业性质：

本委托书有效期至   年   月   日

4. 商检证书样本

中华人民共和国山东进出口商品检验局　　正本

SHANDONG IMPORT & EXPORT COMMODITY INSPECTION
BUREAU OF THE PEOPLE'S REPUBLIC OF CHINA ORIGINAL

No. V0524797-3104535

质量检验证书

QUALITY INSPECTION CERTIFICATE　　日期 **Date**：10-AUG-99

发货人 Consignor： GOLDEN SEA TRADING CORPORATION

受货人 Consignee： F. L. SMIDTH & CO. A/S

品　　名 Commodity："FOREVER" BRAND BICYCLE

标记及号码 **Marks & No.**：

FLS

9711

COPENHAGEN

1-1200

报验数量/重量 **Quantity/Weight**：1200 UNITS/G. W. 39600. 0KGS

检验结果 **RESULTS OF INSPECTION**：

主任检验员：锗莠华

Chief Inspector：

外贸单证实务

第九节　其他单据

一、受益人证明

受益人证明（beneficiary's certificate/statement/declaration），也称出口商证明（exporter's certificate），顾名思义是由受益人按合同、信用证和有关规定对外出具的说明其已履行了某义务、完成了某工作或行为符合进口商和进口国的要求的各种证明文件，一般无固定格式，内容多种多样，以英文制作，通常签发一份。

1. 受益人证明的基本要求

（1）单据名称。这种单据的名称因所证明事项不同而略异，可能是寄单证明、寄样证明（船样、样卡和码样等）、取样证明、证明货物产地、品质、唛头、包装和标签情况、电抄形式的装运通知、证明产品生产过程、证明商品业已检验、环保人权方面的证明（非童工、非狱工制造）等。

（2）证明上通常会显示发票号、合同号或信用证号以表明与其他单据的关系。

（3）证明的内容应严格与合同或信用证规定相符。

（4）因属于证明性质，按有关规定证明人（受益人）必须签字。

（5）单据一般都应在规定的时间内作出。

2. 几种常见证明的内容和缮制要求

（1）寄单证明（beneficiary's certificate for despatch of documents），是最常见的一种证明，通常是受益人根据规定，在货物装运前后一定时期内，邮寄/传真/快递给规定的收受人全套或部分副本单据，并将证明随其他单据交银行议付。例如：Certificate from the beneficiary stating that one copy of the documents called for has been dispatched by courier service direct to the applicant within 3 days after shipment.

（2）寄样证明（beneficiary's certificate for despatch of shipment sample）。例如：Certificate to show that the required shipment samples have been sent by DHL to the applicant on july 10,2009（受益人只要按规定出单即可）。

（3）包装和标签证明。例如，某信用证要求：A certificate from the beneficiary to the effect that one set of invoice and packing list has been placed on the inner side of the door of each container in case of FCL cargo or attached to the goods or packages at an obvious place in case of LCL cargo. 其意思是受益人应证明已把一套发票和箱单贴在集装箱箱门内侧（整箱货）或拼箱货的显眼的地方；又如：Beneficiary certificate in triplicate stating the shipment does not include non-manufactured wood dunnage, pallets, crating or other packaging materials;the shipment is completely free of wood bark, visible pests and signs of living pests（要求三份单据，证明货物未再加工、非木制包装、无树皮、无肉眼可见虫害、无活虫）。

（4）其他规定。例如，certificate confirming that all goods are labelled in english（货物加贴英文标签）;beneficiary's certificate stating original B/L of 1 set carried by the captain of the vessel（一套正本提单已交由船长携带）;a statement from the beneficiary evidencing that packing effected in 25kgs ctn（货物 25 千克箱装）;beneficiary's certificate confirming their acceptance of the amendment dated 10/09/2005 made under this credit quoting the relevant amendment number（确认改证内容）;certificate to show goods are not of israeli origin and do not contain any israeli material（货物须保证非以色列产并且不含以色列的材料）。

3. 注意事项

（1）单据名称应合适恰当。

（2）一般的行文规则是以所提要求为准直接照搬照抄，但有时也应做必要的修改。如信用证规定"beneficiary's certificate evidencing that two copies of non-negotiable B/L will be despatched to applicant within two days after shipment",在具体制作单据时应将要求里的 "will be despatched"改为"have been despatched";再比如对"beneficiary's certificate stating that certificate of manufacturing process and of ingredients issued by ABC Co. should be sent to Sumitomo Co."的要求,"should be sent"最好改为"had/has been sent"。

（3）证明文件通常以"this is to certify"（或 declare, state, evidence 等）或"we hereby certify"等开始。

4. 实例分析

（1）Beneficiary's certificate certifying that 2 litres of composite sample which to be drawn from:

—1 litre from Dalian shore tank by AQSIQ before loading;

—1 litre on board the vessel by AQSIQ after loading completed.

Indicating that the sample has been retained at AQSIA counter for at least 90 days after shipment effected.

这是出口粗苯的信用证中的要求,制作该文件时应明确货物装船前、后由质检局分别取样一公升并于货物实际发运后将样品留存该局至少 90 天。

（2）Beneficiary's certificate certifying that beneficiary has faxed the shipping DOCS(B/L, invoice, packing list, phytosanitary certificate)within 2 working days after shipment date to applicant and the relate certified true copy of fax.

对这样的受益人证明应做到:发货后 2 日内传真发送有关单据给申请人,传真报告应证实并向银行提交。

（3）Two sets of shipping samples and one set of non-negotiable shipping documents must be sent to applicant by speed post/courier service within 5 days from the date of bill of lading and a certificate to this effect from beneficiary together with relative speed post/ courier receipt must accompany the documents.

该要求的意思是:两套船样和一套不可议付的装运单据须在提单日后 5 日内通过邮局快递寄给开证人,受益人证明应表明已照此行事,相应的邮政快递收据必须随议付单据提交,应注意要提交两样单据——受益人证明和邮政快递收据。

(4) Beneficiary's certificate stating that interest charges if any for usance period included in invoice value are not more than the prevailing libor for USD on the date of shipment plus 0. 50 per cent P. A. and separate invoices to be prepared for CIF value and interest, such libor should be certified by the negotiating bank on their covering schedule to the documents, however, total drawings under the credit not to exceed the letter of credit value, if no interest charges are included in the invoice, beneficiary's certificate confirming the same is required.

这张受益人证明要求,如需要支付远期利息,发票金额应包括两部分(CIF 金额和利息),利息按货物装运当天美元 LIBOR 加 50 个点支付,议付行还需在交单面函上对 LIBOR 加以确认,如索偿金额不超过信用证金额,无远期贴息产生,受益人也要出证说明。

二、装船通知

装船通知也叫装运通知,主要指的是出口商在货物装船后发给进口方的包括货物详细装运情况的通知,其目的在于让进口商做好筹措资金、付款和接货的准备,如成交条件为 FOB / FCA、CFR / CPT 等还需要向进口国保险公司发出该通知以便其为进口商办理货物保险手续,出口装船通知应按合同或信用证规定的时间发出,该通知副本(copy of telex/fax)常作为向银行交单议付的单据之一;在进口方派船接货的交易条件下,进口商为了使船、货衔接得当,也会向出口方发出有关通知;通知以英文制作,无统一格式,内容一定要符合信用证的规定,一般只提供一份。

受益人证明样本:

青岛亿通国际贸易公司
QINGDAO YITONG INTERNATIONAL BUSINESS CORP.
19,Haier Road,Qingdao P. R. China

受益人证明
Beneficiary's Certificate

Date:2008-5-19

To whom it may concern:

We hereby certify that:

1. All drums are neutral packing.
所有圆桶均为中性包装。
2. No Chinese words or any hints to show the products made in china.
无任何字或迹象表明此产品产于中国。
3. No any printing materials are allowed to fill in drums.
圆桶上无任何印刷资料。

Stamp of the Beneficiary

---

1. 装船通知的主要内容及其缮制

(1)单据名称。主要体现为:shipping/shipment advice,advice of shipment 等,也有人将其称为 shipping statement/declaration,如信用证有具体要求,从其规定。

(2)通知对象。应按信用证规定,具体讲可以是开证申请人、申请人的指定人或保险公司等。

（3）通知内容。主要包括所发运货物的合同号或信用证号、品名、数量、金额、运输工具名称、开航日期、启运地和目的地、提运单号码、运输标志等，并且与其他相关单据保持一致，如信用证提出具体项目要求，应严格按规定出单。此外，通知中还可能出现包装说明、ETD（船舶预离港时间）、ETA（船舶预抵港时间）、ETC（预计开始装船时间）等内容。

（4）制作和发出日期。日期不能超过信用证约定的时间，常见的有以小时为准（within 24/48 hours）和以天为准（within 2 days after shipment date）两种情形，信用证没有规定时，应在装船后立即发出，如信用证规定"immediately after shipment"（装船后立即通知），应掌握在提单后 3 天之内。

（5）签署。一般可以不签署，如信用证要求"certified copy of shipping advice"，通常加盖受益人条形章。

2. 缮制装船通知应注意的事项

（1）CFR / CPT 交易条件下拍发装运通知的必要性。因货物运输和保险分别由不同的当事人操作，所以受益人有义务向申请人对货物装运情况给予及时、充分的通知，以便进口商保险，否则如漏发通知，则货物越过船舷后的风险仍由受益人承担。

（2）通知应按规定的方式、时间、内容、份数发出。

（3）几个近似概念的区别。shipping advice（装运通知）是由出口商（受益人）发给进口商（申请人）的；shipping instructions 意思是"装运须知"，一般是进口商发给出口商的；shipping note/ bill 指装货通知单/船货清单；shipping order 简称 S/O，含义是装货单/关单/下货纸（是海关放行和命令船方将单据上载明的货物装船的文件）。

3. 信用证中有关装船通知条款分析

（1）Original fax from beneficiary to our applicant evidencing B/L No., name of ship, shipment date, quantity and value of goods.

其要求应向申请人提交正本通知一份，通知上列明提单号、船名、

外贸单证实务

装运日期、货物的数量和金额。制作单据时只要按所列项目操作即可。

（2）Insurance effected in Iran by Iran Insurance Co., the name of insurance Co. and the policy No. … DD. … have to be mentioned on B/L, shipment advice to be made to said insurance Co. via tlx No. … indicating policy No. and details of shipment, a copy of which is to be accompanied by the original DOCS.

该条款要求货物的保险由伊朗保险公司办理，提单上应明确保险公司的名称、保单号码和出单日期，所出的装运通知则应标明保险公司名称、电传号码、保单号码和货物的详细情况，电抄副本随正本单据向银行提交。

（3）Shipment advice with full details including shipping marks, CTN numbers, vessel's name, B/L number, value and quantity of goods must be sent on the date of shipment to us.

该项规定要求装运通知应列明包括运输标志、箱号、船名、提单号、货物金额和数量在内的详细情况，并在货物发运当天寄开证行。

（4）Beneficiary must fax advise to the applicant for the particulars before shipment effected，and a copy of the advice should be presented for negotiation.

根据这条规定，受益人发出的装运通知的方式是传真，发出时间是在货物装运前，传真副本作为议付单据提交。

（5）Insurance covered by openers. All shipments under this credit must be advised by you immediately after shipment direct to M/S ABC insurance Co. and to the openers referring to cover note No. CA364 giving full details of shipment. a copy of this advice to accompany each set of documents.

该条款要求保险由申请人负责，货物装运后由受益人直接发通知给 ABC 保险公司和申请人，通知上应注明号码为 CA364 的暂保单，并说明货物的详细情况。每次交单都应随附该通知副本。

（6）Beneficiary's certified copy of fax sent to applicant within 48 hours after shipment indicating contract No., L/C No. goods name, quantity, invoice value, vessel's name, package/container No., loading port, shipping date and eta.

按这条信用证要求，受益人出具的装运通知必须签署，通知应在发货后 48 小时内发出，具体通知内容为合同号、信用证号、品名、数量、发票金额、船名、箱/集装箱号、装货港、装运日期和船舶预抵港时间。受益人应严格按所要求的内容缮制。

（7）Shipment advice quoting the name of the carrying vessel, date of shipment, number of packages, shipping marks, amount, letter of credit number, policy number must be sent to applicant by fax, copies of transmitted shipment advice accompanied by fax transmission report must accompany the documents.

表明船名、装船日期、包装号、唛头、金额、信用证号、保险单号的装船通知必须由受益人传真给开证人，装船通知和传真副本以及发送传真的电讯报告必须随附议付单据提交。

（8）Beneficiary's certificate certifying that they have despatched the shipment advice to applicant by fax(fax No.：2838-0983) within 1 day after B/L date advising shipment details including contract No., invoice value, name of the vessel, loading port, quantity goods loaded, B/L date, the vessel movement including time of arrival, time of berth, time of start loading, time of finish loading and departure time from dalian and this credit No.

这条规定来自香港的某份信用证，其对装船通知的要求是：装运货物后一天内受益人通过传真加以通知，内容包括：合同号、发票金额、船名、装运港、货物数量、提单日，包括抵达时间、靠泊时间、开始装货时间、

外贸单证实务

装货完毕时间和驶离大连港的时间等船舶的航行轨迹和本信用证号码。

三、船公司证明

在我国对外贸易实践中,经常会遇到进口商在信用证中提出要求船公司证明(以下称"船证")的情形,尤以来自中东和非洲地区的客户为多,所以单证从业人员必须对此进行恰当的理解和把握。船证通常由出口商或船方用英文制作,具体内容应以信用证中要求为准,所有船证必须签署。

装船通知样本:

青岛亿通国际贸易公司
QINGDAO YITONG INTERNATIONAL BUSINESS CORP.
19,Haier Road,Qingdao P. R. China

装 船 通 知
Shipping Advice

Date:2008-5-19

Please be informed that these goods have been shipped from ... to ... with MV ... :

Contract No.

L/C No.

Date

To

From

Commodity

Quantity

Gross weight

Net weight

Total value

Shipping Marks

ETA

Vessel name and Voy. No.

B/L No.

Stamp

---

1. 船舶本身的证明文件

(1) 集装箱船只证明(certificate of container vessel)。进口商或银行在合同/信用证中规定货物须装集装箱船并出具相应证明的,可由受益人自行制作并加盖有关签发人的图章,也可在运输单据上加以注明。

(2) 船龄证明。有些国家/地区来证规定装载货物的船舶的船龄不得超过 15 年,受益人必须要求船代或船公司出具载货船只的船龄证明书(certificate to evidence the ship is not over 15 years old 或 is under 15 years of age),这样要求的主要目的在于禁止使用老龄船,保护货物运输安全。

(3) 船籍证明(certificate of registry)。用于证明船舶所属国籍。

(4) 船级证明(confirmation of class)。有的信用证规定提供英国劳合社船级证明,如"class certificate certifying that the shipment is made by a seaworthy vessel which are classified 100AI issued by Lloyds or equivalent classification society",劳合社的船级符号为 LR,标志 100AI,100A 表示该船的船体和机器设备是根据劳氏规范和规定建造的,I 表示船舶的装备如船锚、锚链和绳索等处于良好和有效的状态,对这样的要求我们通常应予以满足。国际上著名的船级社有英国劳合社 (Lloyds)、德国船级社(GL)、挪威船级社(DNV)、法国船级社(BV)、日本海事协会(NK)、美国船级社(ABS)等。

2. 运输和航行证明

(1) 航程证明(certificate of itinerary)。主要说明航程中船舶停靠的港口,一些阿拉伯国家开来的信用证中,往往要求在提单上随附声明一份,明确船籍、船名、船东及途中所经港口顺序,出口方须按要求签发此类证明并按证明中所述行驶、操作船舶。

(2) 转船证明书(certificate of transshipment)。出口方出具转船证明书,说明出口货物将在中途转船且已联系妥当,并由托运人负责将有关转船事项通知收货人。

（3）货装具名船舶证明。如信用证要求："a certificate from the shipping company or its agent stating that goods are shipped by APL"（意思是要求出口方提供由船公司或其代理出具的货装美国总统轮船公司的证明）。

（4）船长收据（captain's receipt）。有的信用证规定，样品或单据副本交载货船只的船长带交进口商，并提供船长收据，如委托船长带去而未取得船长收据将影响出口商收汇，常见于近洋运输。

此外船证还包括进港证明、运费已交收据、港口费用单（port charges documents）、装卸准备就绪通知书（NOR）和装卸时间事实记录等，由于政治原因，巴基斯坦和印度互不允许悬挂对方国旗的船舶靠岸，巴基斯坦港口还不接受来自南非、韩国、以色列和中国台湾的船舶，如要求出具相应证明的，出口方必须提供。

3. 航运组织和公约证明

（1）班轮公会证明（conference line certificate）。信用证规定货物须装班轮公会船只时，向银行所交单据中应包括船公司或船代出具的证明。例如，信用证要求：A certificate issued by the carrier, shipping Co. or their agents certifying that shipment has been effected by conference line and/or regular line vessels only covered by institute classification clause to accompany the documents. 其意思是由承运人、船公司或他们的代理签发证明，证实货物业已装运在符合伦敦协会船级条款的班轮公会船只或定期船上，该船证随单据提交。又如，某信用证要求：Shipping company's certificate stating that the carrying vessel has entered P&I Club and should be attached with the original documents. 其要求船证应明确载货船舶系船东保赔协会成员并应随附正本证明。

（2）黑名单证明。典型的是阿拉伯国家所要求的抵制以色列证明(certificate of boycott israel)。其通常规定为：the vessel carrying the goods is not Israeli and will not call on any Israeli ports while carrying the goods and that the vessel is not banned entry to the port of the Arab States for any reasons whatever under law and the laws and regulations of such Sates allowed(船上所装货物为非以色列原产,船不经停任何以色列港口,船只可依法自由进入阿拉伯国家法律和规则所容许进出的港口)。

(3) SMC、DOC 和 SOLAS。这几个缩略语近年来常出现在信用证的要求中,SMC(Safety Management Certificate 船舶安全管理证书)和 DOC(document of compliance 安全符合证书,也有人称其为船/港保安符合证书)是按照国际安全管理规则(ISM)的规定载货船舶应在船上拥有的必要证书。我国海事局按 ISM 的规章发给船公司 DOC,船舶则可获 SMC,如船公司没有相应证书,那么就没有办法按信用证要求来出具此类证明。信用证中的一般要求是:"the carrying vessel should comply with the provisions of the (ISM) Code which necessiates that such vessel must have on board, copies of the two (SMC and DOC)valid Certificates and copies of such certificate must be presented with the original documents. "也可体现为"certificate issued, signed and stamped by the owner/carrier/master of the carrying vessel holds valid ISM certificate and ISPS (International Shipping And Port Security Safety Code《国际船舶和港口设施保安规则》)";SOLAS 指的是《1974 年国际海上人命安全公约》(简称 SOLAS 公约)。美国"9·11"恐怖事件后国际海事组织于 2002 年 12 月召开缔约国大会通过对 SOLAS 公约的修正案,并在 2004 年 7 月 1 日起开始实施。按上述有关规定,船舶应持有"安全管理证书"正本,其船名与国籍证书一致,所载公司名称与"符合证明"中的公司名称相一致。

4. 正确理解船证制作要求

（1）某信用证中要求：certificate from the shipping agents issued at the port of shipment stating that cargo and/or interests are carried by a mechanically self propelled seaworthy vessel classified under Lloyd's register of shipping as 100A1 or equivalent provided such vessels are not over fifteen years of age or over fifteen years but not over twenty five years of age and have established and maintained a regular pattern of trading on an advertised schedule to load and unload at specific ports or equivalent. 船证由船代在装港制作，明确货物系由英国劳合社或其他相应机构确认的 100AI 级、机械驱动、适航的船舶运输，船龄在 15 年以下，或能按预先公布的船期表在特定港口持续定期投入装卸货物的商业运营的，船龄也可在 15 年以上 25 年以下。证明内容以证内文字及船舶的实际情况加以叙述即可。

（2）A certificate from the shipping company or their agent stating that the goods are shipped on vessels：

——that are exempted from the "solas" convention certificated requirement and is not required to have a certificate of conformity to the ISM code or that have a current ISM code certificate if the carrying vessel is subject to "solas".

——covered by the institution classification clause.

——that are allowed by the Arab authorities to call at arabian ports and not scheduled to call at any israel port during its voyage to the U. A. E.

——under 15 years of age.

该船证要求来自阿拉伯联合酋长国开的信用证，船证由船公司或其代理签发，证明载货的船舶：如适用"SOLAS"公约则必须持有有效的 ISM 证明，否则可以豁免相关证明；船舶符合协会船级条款；经阿拉伯国家授权,船舶可挂靠所有阿拉伯口岸,船舶在驶往阿联酋途中不停靠任何以色列港口;船龄 15 年以下。

　　船公司证明样本:

Hanjin Shipping Co

Certificate of Shipping Company

December 20，2008

Re:BL000158

To Whom It may Concerns,

We hereby certify that shipment has been effected by conference line and/or regular line vessels only covered by institute classification clause to accompany the documents.

Stamp and Signature

四、邮寄收据与证明

　　(1) 邮寄收据(post receipt)。邮政运输是一种手续简便、运输范围较广的运输方式。通过邮局邮寄时,由邮局签发的收据和合同证明就是邮寄收据。邮寄收据不是物权凭证,不能凭以提货、背书转让,只能做成记名抬头,由经办邮局加盖日戳后成为有效凭证。这些年来,还出现了"邮政特快专递服务",诸如 DHL、EMS、FE 等方式,使邮寄货物更快捷、更安全。

　　(2) 邮寄证明(certificate of posting),是邮局出具的证明文件,据此证实单据确已寄发或邮包确已寄出和作为邮寄日期的证明。有的信用证规定,出口商寄送有关单据、样品或包裹后,除要出具邮政收据外,还要提供邮寄证明,作为结汇的一种单据。

第十节　结汇单证的审核

一、单证审核的基本方法

（1）纵向审核法，是指以信用证或合同（在非信用证付款条件下）为基础对规定的各项单据进行一一审核，要求有关单据的内容严格符合信用证的规定，做到"单、证相符"。

（2）横向审核法，在纵向审核的基础上，以商业发票为中心审核其他规定的单据，使有关的内容相互一致，做到"单单相符"。

二、单证审核的重点

（一）综合审核的要点

（1）检查规定的单证是否齐全包括所需单证的份数。

（2）检查所提供的文件名称和类型是否符合要求。

（3）有些单证是否按规定进行了认证。

（4）单证之间的货物描述、数量、金额、重量、体积、运输标志等是否一致。

（5）单证出具或提交的日期是否符合要求。

（二）分类审核的要点

1. 汇票

（1）汇票的付款人名称、地址是否正确。

（2）汇票上金额的大、小写必须一致。

（3）付款期限要符合信用证或合同（非信用证付款条件下）规定。

（4）检查汇票金额是否超出信用证金额，如有信用证金额前有"大约"一词，可按 10% 的增减幅度掌握。

(5) 出票人、受款人、付款人都必须符合信用证或合同（非信用证付款条件下）的规定。

(6) 币制名称应信用证和发票上的相一致。

(7) 出票条款是否正确，如出票所根据的信用证或合同号码是否正确。

(8) 是否按需要进行了背书。

(9) 汇票是否由出票人进行了签字。

(10) 汇票份数是否正确，如"只此一张"或"汇票一式两份有第一汇票和第二汇票"。

2. 商业发票

(1) 抬头人必须符合信用证规定。

(2) 签发人必须是受益人。

(3) 商品的描述必须完全符合信用证的要求。

(4) 商品的数量必须符合信用证的规定。

(5) 单价和价格条件必须符合信用证的规定。

(6) 提交的正副本份数必须符合信用证的要求。

(7) 信用证要求表明和证明的内容不得遗漏。

(8) 发票的金额不得超出信用证的金额，如数量、金额均有"大约"，可按 10％ 的增减幅度掌握。

3. 保险单据

(1) 保险单据必须由保险公司或其代理出具。

(2) 投保加成必须符合信用证的规定。

(3) 保险险别必须符合信用证的规定并且无遗漏。

(4) 保险单据的类型应与信用证的要求相一致，除非信用证另有规定，保险经纪人出具的暂保单银行不予接受。

(5) 保险单据的正副本份数应齐全，如保险单据注明出具一式多份正本，除非信用证另有规定，所有正本都必须提交。

（6）保险单据上的币制应与信用证上的币制相一致。

（7）包装件数、唛头等必须与发票和其他单据相一致。

（8）运输工具、起运地及目的地，都必须与信用证及其他单据相一致。

（9）如果货物转运，保险期限必须包括全程运输。

（10）除非信用证另有规定，保险单的签发日期不得迟于运输单据的签发日期。

（11）除信用证另有规定，保险单据一般应作成可转让的形式，以受益人为投保人，由投保人背书。

4．运输单据

（1）运输单据的类型须符合信用证的规定。

（2）起运地、转运地、目的地须符合信用证的规定。

（3）装运日期/出单日期须符合信用证的规定。

（4）收货人和被通知人须符合信用证的规定。

（5）商品名称可使用货物的统称。但不得与发票上货物说明的写法相抵触。

（6）运费预付或运费到付须正确表明。

（7）正副本份数应符合信用证的要求。

（8）运输单据上不应有不良批注。

（9）包装件数须与其他单据相一致。

（10）唛头须与其他单据相一致。

（11）全套正本都须盖妥承运人的印章及签发日期章。

（12）应加背书的运输单据，须加背书。

5．其他单据

如装箱单、重量单、产地证书、商检证书等，均须先与信用证的条款进行核对，再与其他有关单据核对，求得单证一致、单单一致。

三、常见差错

（1）汇票中大、小写金额打错。

（2）汇票的付款人名称、地址打错。

（3）发票的抬头人打错。

（4）有关单据如汇票/发票/保险单等的币制名称不一致或不符合信用证的规定。

（5）发票上的货物描述不符合信用证的规定。

（6）多装或短装。

（7）有关单据的类型不符合信用证要求。

（8）单、单之间商品名称/数量/件数/唛头/毛净重等不一致。

（9）应提交的单据提交不全或份数不足。

（10）未按信用证要求对有关单据如发票/产地证等进行认证。

（11）漏签字或盖章。

（12）汇票/运输提单/保险单据上未按要求进行背书。

（13）逾期装运。

（14）逾期交单。

四、有问题单据的具体处理

对有问题的单据必须进行及时更正和修正。否则,将影响安全收汇。在规定的有效期和交单期内,将有问题的单据全部改妥。

有些单据由于种种原因不能按期更改或无法修改,可以向银行出具一份保函(通常称为担保书),保函中交单人要求银行向开证行寄单并承诺如果买方不接受单据或不付款,银行有权收回已偿付给交单人的款项。对此银行方面可能会接受。不过最好不要这样做。因为出具保函后,收不到货款的风险依然存在。同时要承担由此产生的其他费用。交单人向银行出具保函一般应事先与客户联系并取得客人接受不符单据的确认文件。

请银行向开证行拍发要求接受不符点并予付款的电传(俗称"打不符电")。有关银行在收到开证银行的确认接受不符单据的电传后再行寄送有关单据,收汇一般有保证,此种方式可以避免未经同意盲目寄单情况的发生。但要求开证行确认需要一定的时间,同时要冒开证行不确认的风险并要承担有关的电传费用。

改以托收方式。由于单据中存在不符点,原先信用证项下的银行信用已经变为商业信用,如果客人信用较好且急需有关文件提取货物,为减少一些中间环节可采用托收方式。

上述各项措施主要是从有效控制货物所有权的前提下,以积极、稳妥的方式处理不符合有关规定的单据,避免货款两空情况的发生。因为只要掌握了代表物权的运输单据,买方就不能提取货物的。如果买方仍然需要这批货物,那么买方也会接受有不符点的单据的。这里必须切记的是,不符单据是有很大风险的,对不符单据的接受与否完全取决于买方。

【思考与习题】

1. 信用证(L/C)的定义、特点以及制单结汇应该把握的原则。

2. 在实际工作中应该怎样掌握信用证的有效期、交单期和装运期?

3. 制作和审核出口单据的主要依据是什么?

4. 信用证与合同的关系。

5. 结汇单证的审核要点。

第四章 托运单和报关单

【导入】 出口货物的发货人在根据出口合同的规定,按时、按质、按量备齐出口货物后,即应当向运输公司办理租船订舱手续,准备向海关办理报关手续,或委托专业(代理)报关公司办理报关手续。

第一节 出口货物托运

一、出口货物托运单

托运单(booking note of export cargo/shipping order)是出口商(发货人/托运人)在报关前向船方或其代理人(承运人)申请租船订舱的单据。它是缮制提单的主要背景资料,是船公司制做提单的依据,如果托运单缮制有差错、延误等,就会影响到其他单证的流转。

二、海运出口托运单的缮制

1. 托运人

一般情况下,托运人(shipper)栏填写出口公司的名称和地址。

2. 收货人

在信用证支付的条件下,对收货人(consignee)的规定常有两种表示方法:① 记名收货人。② 指示收货人。

（1）记名收货人是直接将收货人的名称、地址完整地表示出来。这时，收货人即是合同买方。但是记名收货人的单据不能直接转让，这给单据的买卖流通设下了障碍。故记名收货人的表示方法不常使用。

（2）指示收货人是将收货人以广义的形式表示出来。常用空白指示和记名指示两种表达法。指示收货人掩饰了具体的收货人的名称和地址，使单据可以转让。在空白指示（不记名指示、空白指示）的情况下，单据的持有人可以自由转单据。在记名指示情况下，记名人有权控制和转让单据。指示收货人的方法补充了记名收货人方法的缺陷，但也给船方通知货方提货带来了麻烦。对此被通知人栏目作出补充。

3. 被通知人

被通知人（notify party）。此栏填写信用证中规定的被通知人。被通知人的职责是及时接受船方发出的到货通知并将该通知转告真实收货人，被通知人无权提货。

4. 托运单编号

托运单编号（number）。此栏一般填写商业发票的号码。

5. 目的地

目的地（place of delivery）。此栏目按信用证的目的港填写。填写时注意重名港口的现象，一般将目的港所在国家名称填写在这一栏目中。如果目的地是一内陆城市，这一栏目填写卸下最后一艘海轮时的港口名称。在计算运费时，是根据托运单的本项内容计算航程的。

6. 运输标志

运输标志（shipping marks）。此栏填写信用证或合同都规定的唛头，买卖合同或信用证中没有规定唛头，可填写 N/M。

7. 数量

数量（quantity）托运单中的数量是指最大包装的件数。

8. 货物说明

货物说明（description of goods）。对这一栏的内容允许只写大类名称或统称。

9. 重量

重量（goss weight/net weight）。此栏应分别计算毛重和净重。

10. 尺码

尺码（measurement）。该栏目填写一批货的尺码总数，一般单位为立方米。

11. 装运日

装运日（time of shipment）。

12. 期满日

期满日（expiry date）。该栏目的填写一般按信用证的规定填写。

13. 存货地

存货地，内容用中文填写。

14. 转船

转船（transshipment）。填写要求与分批一致，只能在"允许"或"不允许"间两者取一。

15. 分批

分批（partial shipment）。按照合同或信用证条款填写。只能限在"允许"或"不允许"间两者中取一。

16. 运费

运费（freight）。一般不显示具体运费，只填写"运费待付"或"运费预付/已付"。

17. 托运单日期

托运单日期的填写与发票的日期一样的内容，即开立发票的日期。

18. 提单正本份数

提单正本份数，一般一式三份，三份正本提单同时有效（three

original bill of lading 或者 original bill of lading in three、full set of bill of lading),指全套正本提单。

19. 提单副本的份数

提单副本的份数视需要而定,它没有法律效力,不能据以提货,但却是不可缺少的补充货运文件。

20. 特别条款

特别条款,指信用证或合同要求的有关运输方面的特殊条款。

21. 签字、盖章

签字(signature),经办人签字,出口企业盖章(stamp)。

三、海运货物出口货运单证的流转程序

① 托运人填制单据并提交。② 外运公司填制船只和舱位。③ 外运公司将一联配仓单交出口公司,出口公司据以缮制报关单、投保等。④ 出口公司企业将报关单随同所有报关单据交外运公司办理货物装船前的报关。⑤ 船方根据出口载货清单和装货清单,编制货物积载图交外轮代理公司。⑥ 外轮代理公司将积载图分送港区和理货公司。⑦ 港区根据货物积载图,安排货物集港的日程和码头仓位,然后通知外运公司和出口企业。⑧ 外运公司或出口企业根据港区通知,到外贸仓库提货,并将货物送到港区指定仓库。⑨ 外运公司或出口企业报关员持整套报关单据及装、收货单向海关办理出口报关。⑩ 海关验货后,在装货单上盖章放行,并将装、收货单退还外运公司或出口企业,由外运公司或出口企业将装、收货单及交纳出口货物港杂费申请书交理货公司。⑪ 理货公司根据载货船只的到港时间以及外轮代理公司交来的单证编制装船计划,然后凭交纳出口货物港杂费申请书,通知港区将货物发至船边。⑫ 港区接到理货公司通知后,立即将有关货物发至船边。⑬ 理货公司理货员负责监督装船,并在装货单上填入实际装船日期、时间、所装舱位和数量,并签名后将装、收

货单交船方和外轮代理公司。⑭ 船方收到装、收货单后，留下装货单作为随船货运资料，由大副在收货单上签字或作适当批注后退交托运人。⑮ 托运人收到大副收据后，即可凭此及预制好的提单到外轮代理公司换取正本"已装船提单"。⑯ 大副收货单上如无批注，外轮代理公司即可向托运人签发已装船清洁提单，并将提单副本交船方留作货运资料。⑰ 外轮代理公司将实际的出口载货清单与签发的提单核对无误后，分别交船方作为货运资料，交沿途各港及目的港代理作为进口舱单报关。⑱ 托运人持提单（还有其他单证）到议付银行办理结汇手续。一次海运货物出口货运单证的流转宣告结束。

四、集装箱货物托运单

集装箱货物托运单的缮制与海运出口托运单的缮制基本相同。只是增加了托运货物的交接方式，如 CY-CY、CFS-CFS 等和集装箱货物的种类，如普通、冷藏、液体等。

托运单样本如下：

海运委托书		托运单号：			
		委托日期	年 月 日		
委托单位名称					
提单 B/L 项目	发货人： Shipper：				
	收货人： Consignee：				
	通知人： Notify Party：				
海洋运费(√) Ocean freight：	预付 或 到付 Prepaid or Collect：	提单 份数	放单方式：	电放__ 正本__	
起运港	目的港	可否 转船	可否 分批		
集装箱预配数	20GP x 40'GPx 40HQx	装运 期限	预定 船期		

标 记 唛 头	件 数 及 包装式样	中英文货号 Description of goods (In Chinese & English)	毛重 （千克）	尺码 （立方米）	成 交 条 件 （ 总 价 ）
			特种货物 □ 冷藏品 □ 危险品	重件： 每件重量	
				大 件： （长×宽×高）	

内装箱(CFS)地址				是否委托我司报关：是__否__
门对门 装箱点	地址			是否委托我司安排拖车：是__否__
	电话		联系人	是否需要转关：是__否__

随 附 单 证	出口货物报关单	商业 发票	委托人	
	出口收汇核销单	装箱 清单	电话	
	进来料加工手册	出口许 可 证	传真	
	原产地说明书	出口配 额 证	地址	
	危险货物说明书	商检证	委托单 位盖章	

第二节　出口货物通关

一、出口货物报关单的含义及类别

（一）含义

进出口货物报关单系指进出口货物的收发货人或其代理人，按照海关规定的格式就进出口货物的实况作出的书面申明，以此要求海关对其货物按适用的海关制度办理通关手续的法律文书。

（二）类别

按货物的流转状态分为以下几种类型。

1. 按进出口状态分

(1) 进口货物报关单。

(2) 出口货物报关单。

2. 按表现形式分

(1) 纸质报关单。

(2) 电子报关单。

3. 按使用性质分

按贸易性质和海关监管方式(要求)的不同,进出口货物报关单可分为:

(1) 进料加工进(出)口货物报关单(粉红色)。

(2) 来料加工及补偿贸易进(出)口货物报关单(浅绿色)。

(3) 外商投资企业进(出)口货物报关单(浅蓝色)。

(4) 一般贸易及其他贸易进(出)口货物报关单(白色)。

(5) 需国内退税的出口货物报关单(黄色)。

4. 按用途分

(1) 报关单录入凭单,指申报单位按海关规定的格式填写的凭单,用作报关单预录入的依据(可将现行报关单放大后使用)。

(2) 预录入报关单,指预录入公司录入、打印,并联网将录入数据传送到海关,由申报单位向海关申报的报关单。

(3) 电子报关单,指申报单位采用电子方式向海关申报的电子报文形式的报关单及事后打印、补交备核的纸质报关单。

二、出口货物报关单的要求及内容

(一) 要求

进出境货物的收发货人或其代理人向海关申报时,必须填写并向海关递交进口或出口货物报关单。申报人在填制报关单时,必须做到真实、准确、齐全、清楚。

（1）报关人必须按照《海关法》和《进出口货物报关单填制规范》的有关规定，向海关如实申报。

（2）报关单的填报必须真实，做到两个相符：一是单证相符，即报关单中所列各项与合同、发票、装箱单、提单以及批文等相符；二是单货相符，即报关单中所列各项所报内容与实际进出口货物情况相符。特别是货物的品名、规格型号、数（重）量、原产国和价格等内容必须真实，不允许有伪报、瞒报或虚报等情况存在。

（3）报关单中填报的项目要准确、齐全、完整、清楚。报关单所列各项内容要逐项详细准确填写，字迹清楚、整洁、端正，不得用铅笔或红色复写纸填写；不得出现差错，若有更正，必须在更正项目上加盖校对章。

（4）不同合同的货物、同一批货物中不同贸易方式的货物均应分别填写报关单。

（5）向海关申报的进出口货物报关单，事后由于特殊原因发生原填报内容与实际进出口货物不相一致的情事而又有正当理由者，可向海关申请更正，经海关核准后，应立即对原填报项目的内容及其相关内容进行更改。

（二）内容

白色出口货物报关单为一般贸易；粉红色出口货物报关单为进料加工专用；浅黄色出口货物报关单为出口退税专用；浅蓝色出口货物报关单为外商投资企业专用；浅绿色出口货物报关单为来料加工、补偿贸易专用。出口货物报关单的内容主要有以下项目。

1. 出口口岸
货物经海关放行出境的最后一个关境口岸的名称。

2. 经营单位
填明对外签订或执行出口合同的中国境内企业或单位的全称。

3. 指运港（站）
货物预定最后到达的港口、城市的全称。

4. 合同(协议)号

填具本报单货物的合同号码，包括年份、字轨、编号及附件号码。

5. 贸易方式

目前使用白色《出口货物报关单》申报出口的货物，一般有以下几种贸易方式，可视具体情况选择填报。① 一般贸易；国家间、国际组织无偿援助和赠送的物资。② 边境 小额贸易。③ 对外承包工程货物。④ 租赁贸易。⑤ 易货贸易。⑥ 加工贸易。⑦ 其他贸易。

6. 运抵国(地)

出口货物直接运抵的国家(地区)或在运输中转国(地)未发生任何商业性交易的情况下的最后指运国(地区)名称。

7. 消费国别

货物实际消费的国家(地区)名称。不能确定实际消费国的，以预知的最后运往国为准，如售予甲国而运往乙国的，填具乙国的名称。对成交条件订明为选择港的，以第一个选择港所在国填具。

8. 收货单位

填具境外最终收货商的名称及所在地。可依据出口合同、发票填写。

9. 运输工具名称及号码

填具运载货物通过国境的运输工具名称。根据不同的运输方式，分别填写船只名称及号码，汽车车牌号码及火车的车次；对于空运或邮运的只填"空运 "或"邮运"字样。

10. 装货单或运单号

填具货物的装货单号或运单号。

11. 收结汇方式

填具实际收结汇的方式。

12. 起运地点

填具货物的发货单位所在地名称。

13. 海关统计商品编号

填具货物在《海关统计商品目录》中所对应的号别。

14. 货名、规格及货号

填具货物的全称、规格、型号、品质和等级。如货物及规格不止一种时，应逐项填具。

15. 标记唛码

填具货物的标记唛码。如有地点名称的，也应一并填写。

16. 件数及包装种类

填具货物的总件数。可从提单上查悉。包装种类指袋、箱、捆、包、桶等，如有多种包装的，应分别填明件数。

17. 数量

货物的实际数量和数量单位，如台、只、个、打等。

如果合同规定的数量单位与《海关统计商品目录》所规定的计量单位不同，或者《海关统计商品目录》规定有第二数量单位的，都要在折算后按《海关统计商品目录》规定的数量单位填具。整套货物分批出口时，应在本栏加注"分批装运"字样。

18. 毛量

货物的全部重量。如货物不止一项时，应逐项填报。

19. 净重

货物扣除外包装后的自然净重。

20. 成交价格

合同规定的货物的成交单价、总价和价格条件。如离岸价格、到岸价格等等。要在此栏注明币别。如果价格条件为 CIF 、CFR 或包括佣金、折扣时，在计算成交总价时，应分别扣除运费、保险费、佣金、折扣等费用，并填具 FOB 成交总价。

21. 集装箱号

如果是集装箱运输，应将集装箱数量及每个集装箱的号码一并填具。

22. 随附单据

随报关单向海关递交的有关单据的名称及份数。

23. 申报单位

报关单位的全称、报关员的姓名、报关员证号码、联络电话号码、申报单位的邮政编码等一并在此栏填具,并加盖申报单位的公章。

24. 申报日期

向海关申报的日期。

报关单样本

中华人民共和国海关出口货物报关单

预录入编号:　　　　　　　海关编号:

出口海岸			备案号		出口日期		申报日期	
经营单位		运输方式		运输工具名称			货运单号	
发货单位			贸易性质		征免性质		结汇方式	
许可证号		运抵国(地区)		指运港		境内货源地		
批准文号		成交方式		运费		保费		杂费
合同协议号		件数		包装种类		毛重(千克)		净重(千克)
集装箱号		随附单据				生产厂家		
标记唛码及备注								
项号　商品编号　商品名称:规格型号　数量及单位　最终目的国(地区)单价　总价　币制　征免								
税费征收情况								
录入员　　录入单位		兹声明以上申报无讹并承担法律责任				审单　　审价		
报关员		海关审单批注及放行日期(签章)				征税　　统计		
单位地址		申报单位(签章)				查验　　放行		
邮编　　电话		填制日期						

【思考与习题】

1. 托运单和报关单填制的注意事项是什么？
2. 托运单和报关单分别包含哪些主要内容？

第五章 出口收汇核销单与出口退税

【导入】 国家为鼓励出口,在出口收汇核销以后,凭相关单据(报关单、核销单、外销发票和增值税发票)可申请退税。

第一节　出口收汇核销单

一、出口收汇核销单概述

出口收汇核销单是指由外汇局制发、出口单位凭以向海关出口报关、向外汇指定银行办理出口收汇、向外汇局办理出口收汇核销、向税务机关办理出口退税申报的有统一编号及使用期限的凭证。

出口收汇核销专用联包括"出口收汇核销专用结汇水单"和"出口收汇核销专用收账通知单",是指出口单位办理出口收汇核销的重要凭证。对出口单位的外汇收入,银行在确认其为直接从境外收入的出口货款后,办理结汇或者进入该单位的经常项目外汇账户的入账手续,并出具加盖"出口收汇核销专用联章"的出口收汇核销专用联。

二、出口收汇核销的程序、做法

根据《出口收汇核销管理办法及其实施细则》规定,出口收汇核销程序、做法为:

（1）出口企业提前到外汇管理部门领取出口收汇核销单。

（2）出口企业报关时，向海关提交事先从外汇管理部门领取的有顺序编号的外汇核销单，经海关审核无误，在核销单和与核销单有相同编号的报关单上盖"验讫章"。

（3）报关后，出口企业在规定期限将核销单存根送回外汇管理局接受外汇管理部门对企业出口收汇情况的监督。

（4）货物出口后，出口企业将海关退给的核销单、报关单和有关单据送交银行收汇。

（5）货款汇交至出口地银行以后，银行向出口单位出具结汇水单或收账通知，并在结汇水单或收账通知上填写有关核销单编号。

（6）出口单位凭出口收汇核销单和出口收汇核销专用联的结汇水单或收账通知及其他规定的单据，到国家外汇管理部门办理核销手续。

（7）国家外汇管理部门按规定办理核销后，在核销单上加盖"已核销"章，并将其中的出口退税专用联退还给出口单位作为日后退税依据。

三、出口收汇核销单的填写

出口收汇核销单分为存根、正联、退税联三部分，各部分填写方法如下。

1. 存根

（1）编号。应与出口报关单的编号一致。

（2）出口单位。填写领取核销单的单位的名称。

（3）单位代码。填写领取核销单的单位在外汇管理局备案的号码。

（4）出口币种总价。此栏填写出口成交货物总价及使用币种。一般情况下，须与报关单一致。溢短装出口时，可以不一致，但须提供该笔出口的货运提单副本。(提单上有实际出口的数量和重量,根据发票或报关单上的单价与提单上的重量或数量相乘,即可得出实际出口的总金额)。

(5) 收汇方式。填写信用证、托收、汇付。

(6) 预计收款日期。依付款期限、地点不同按规定填写:

A. 即期信用证和即期托收项下的货款,从寄单之日起,近洋地区(香港和澳门)20 天内,远洋地区(香港和澳门以外的地区)30 天内结汇或收账。如:2009 年 6 月 1 日寄单,预计收款日期即应填写 2009 年 6 月 21 日。

B. 远期信用证和远期托收项下货款,从汇票规定的付款日起,港澳地区 30 天内,远洋地区 40 天内结汇或收账。如港澳地区,预计收款日期为寄单日期加上邮程日期加上汇票规定的远期天数加上 30 天。如:寄单日期为 2009 年 6 月 1 日,汇票为远期 180 天,则预计收款日期应为 2009 年 6 月 1 日加 10 天加 180 天加 30 天,则为 2010 年 1 月 8 日。

(7) 报关日期。同出口报关单右上角的出单日期。

(8) 备注。填写出口单位就该核销单项下需说明的事项。例如:北京甲进出口公司代广西乙进出口公司出口,收汇后,原币划转广西进出口公司,则该事项连同该受托公司的联系地址和电话应批注在备注栏内并加盖批注单位的公章。

(9) 有效期。自领单日起 4 个月。此栏由外汇管理局填。

2. 正联

(1) 出口单位。同存根。

(2) 单位代码。同存根。

(3) 银行签审。(类别、币种金额、日期、公章)填写收汇方式、币种总价、收结汇日期银行盖章。

(4) 海关签注栏。海关验放该核销单项下的出口货物后,在该栏目内加盖"放行"或"验讫"章,并填写放行日期。如遇退关,海关需在该栏目加盖有关更正章。

(5) 外汇管理局签注栏。由外汇管理部门将核销单、报关单、发票等配对审核无误后,在该栏内签注意见,并由核销人员签字,加盖"已核销"章。

3.退税联

(1) 编号。同存根。

(2) 出口单位。同存根。

(3) 单位代码。同存根。

(4) 货物名称。同报关单。

(5) 出口数量。同报关单。

(6) 币种总价。同存根。

(7) 报关单编号。按报关单左上角号码填写。

(8) 外汇局签注栏。同正联。

4.出口收汇核销单样本

出口收汇核销单 存根							
(苏)编号:							
出口单位:							
单位编码:							
出口币种总价:							
收汇方式:							
预计收款日期:							
报关日期:							
备注:							
此单报关有效期截止到							

（出口单位盖章）

出口收汇核销单 监制章				
(苏)编号:				
出口单位:				
单位编码:				
银行签注栏	类别	币种金额	日期	盖章
海关签注栏:				
外汇局签注栏 年 月 日(盖章)				

（出口单位盖章）

出口收汇核销单 监制章		
(苏)编号:		
出口单位:		
单位编码:		
货物名称	数量	币种总价
报关单编号:		
外汇局签注栏 年 月 日(盖章)		

本经核销此联不得撕开

第二节 出 口 退 税

一、出口退税概述

出口货物退（免）税，简称出口退税，其基本含义是指对出口货物退还其在国内生产和流通环节实际缴纳的产品税、增值税、营业税和特别消费税。出口货物退税制度，是一个国家税收的重要组成部分。

出口退税主要是通过退还出口货物的国内已纳税款来平衡国内产品的税收负担，使本国产品以不含税成本进入国际市场，与国外产品在同等条件下进行竞争，从而增强竞争能力，扩大出口创汇。

1985年3月，国务院正式颁发了《关于批转财政部〈关于对进出口产品征、退产品税或增值税的规定〉的通知》，规定从1985年4月1日起实行对出口产品退税政策。1994年1月1日起，随着国家税制的改革，我国改革了已有退还产品税、增值税、消费税的出口退税管理办法，建立了以新的增值税、消费税制度为基础的出口货物退（免）税制度。

二、外贸企业出口退税条件

（1）必须是增值税、消费税征收范围内的货物。增值税、消费税的征收范围，包括除直接向农业生产者收购的免税农产品以外的所有增值税应税货物，以及烟、酒、化妆品等11类列举征收消费税的消费品。

之所以必须具备这一条件，是因为出口货物退（免）税只能对已经征收过增值税、消费税的货物退还或免征其已纳税额和应纳税额。未征收增值税、消费税的货物（包括国家规定免税的货物）不能退税，以充分体现"未征不退"的原则。

（2）必须是报关离境出口的货物。所谓出口，即输出关口，它包括自营出口和委托代理出口两种形式。区别货物是否报关离境出口，是确定货物是否属于退（免）税范围的主要标准之一。凡在国内销售、不报关离境的货物，除另有规定者外，不论出口企业是以外汇还是以人民币结算，也不论出口企业在财务上如何处理，均不得视为出口货物予以退税。

对在境内销售收取外汇的货物，如宾馆、饭店等收取外汇的货物等，因其不符合离境出口条件，均不能给予退（免）税。

（3）必须是在财务上作出口销售处理的货物。出口货物只有在财务上作出销售处理后，才能办理退（免）税。也就是说，出口退（免）税的规定只适用于贸易性的出口货物，而对非贸易性的出口货物，如捐赠的礼品、在国内个人购买并自带出境的货物（另有规定者除外）、样品、展品、邮寄品等，因其一般在财务上不作销售处理，故按照现行规定不能退（免）税。

（4）必须是已收汇并经核销的货物。按照现行规定，出口企业申请办理退（免）税的出口货物，必须是已收外汇并经外汇管理部门核销的货物。

一般情况下，出口企业向税务机关申请办理退（免）税的货物，必须同时具备以上 4 个条件。但是，生产企业（包括有进出口经营权的生产企业、委托外贸企业代理出口的生产企业、外商投资企业，下同）申请办理出口货物退（免）税时必须增加一个条件，即申请退（免）税的货物必须是生产企业的自产货物（外商投资企业经省级外经贸主管部门批准收购出口的货物除外）。

三、退税登记

（1）出口企业应持对外贸易经济合作部及其授权批准其出口经营权的批件、工商营业执照、海关代码证书和税务登记证于批准之日起 30 日内向所在地主管退税业务的税务机关填写《出口企业退税登记表》（生产企业填写一式三份,退税机关、基层退税部门、企业各一份）,申请办理退税登记证。

（2）没有进出口经营权的生产企业应在发生第一笔委托出口业务之前,需持委托出口协议、工商营业执照和国税税务登记证向所在地主管退税业务的税务机关办理注册退税登记。

（3）出口企业退税税务登记内容发生变化时,企业在工商行政管理机关办理变更注册登记的,应当自工商行政管理机关办理变更登记之日起 30 日内,持有关证件向退税机关申请办理变更税务登记,填写《退税登记变更表》（生产企业填写一式两份,退税机关、企业各一份）。按照规定企业不需要在工商行政管理机关办理注册登记的,应当自有关机关批准或者宣布变更之日起 30 日内,持有关证件向退税机关申请办理变更税务登记。变更退税登记的范围包括：① 改变名称。② 改变企业代码。③ 改变法定代表人、财务经理、办税员。④ 增设或撤销分支机构。⑤ 改变住所或经营地点。⑥ 改变生产经营范围或经营方式。⑦ 增减注册资金（资本）。⑧ 改变隶属关系。⑨ 改变生产经营期限。⑩ 改变或增减开户银行基本账号。⑪ 改变其他税务登记内容。⑫ 企业在办理变更退税登记时,应提交的资料。⑬ 变更税务登记申请书。⑭ 工商变更登记表及工商执照（注册登记执照）。⑮ 退税机关发放的原退税登记证件（登记证正、副本以及登记表等）。

（4）出口企业发生解散、破产、撤销以及其他情形骗税行为暂缓退税,依法终止退税业务的,应当在向工商行政管理机关办理注销手续前,清算已退税款,追回多退税款,再持有关证件向原退税机关申报办理注销退税登记。

出口企业因住所、经营地点变动而涉及改变退税税务登记机关的,应当在向工商行政管理机关申请办理变更或注销登记前或者住所、经营地点变动前,向原退税登记机关申请办理注销退税登记。

出口企业被工商行政管理机关吊销营业执照的,应当自营业执照被吊销之日起 30 日内,向原退税登记机关申请注销退税登记。

出口企业办理注销出口退税税务登记时,应提交的资料包括: ① 上级主管部门批文或董事会、职代会的决议,外商投资企业应报送政府部门的批复和董事会决议。② 工商行政管理机关同意注销登记的证件或吊销执照决定书。③ 原退税机关核发的税务登记证件(正、副本原件)。④ 结清税款、罚款、滞纳金的缴款书复印件。⑤ 其他有关资料、证件。

(5) 未办理出口退税税务登记证的企业,一律不予办理出口退(免)税,对逾期办理出口退(免)税登记的企业除令其限期纠正外,处以 1 000 元罚款。

(6) 出口退税税务登记证实行年审和定期换证制度,时间由市局统一制定。

四、出口退税范围

一般退免税货物应具备的条件有: ① 必须是属于增值税、消费税征税范围的货物。② 必须报关离境,对出口到出口加工区货物也视同报关离境。③ 必须在财务上作销售。④ 必须收汇并已核销。

1. 下列企业出口属于增值税、消费税征收范围货物可办理出口退(免)税,除另有规定外,给予免税并退税

(1) 有出口经营权的内(外)资生产企业自营出口或委托外贸企业代理出口的自产货物。

(2) 有出口经营权的外贸企业收购后直接出口或委托其他外贸企业代理出口的货物。

(3) 生产企业(无进出口权)委托外贸企业代理出口的自产货物。

(4) 保税区内企业从区外有进出口权的企业购进直接出口或加工后再出口的货物。

（5）下列特定企业（不限于是否有出口经营权）出口的货物：① 对外承包工程公司运出境外用于对外承包项目的货物。② 对外承接修理修配业务的企业用于对外修理修配的货物。③ 外轮供应公司、远洋运输供应公司销售给外轮、远洋国轮而收取外汇的货物。④ 企业在国内采购并运往境外作为在国外投资的货物。⑤ 援外企业利用中国政府的援外优惠贷款和合资合作项目基金方式下出口的货物。⑥ 外商投资企业特定投资项目采购的部分国产设备。⑦ 利用国际金融组织或国外政府贷款，采用国际招标方式，由国内企业中标销售的机电产品。⑧ 境外带料加工装配业务企业的出境设备、原材料及散件。⑨ 外国驻华使（领）馆及其外交人员、国际组织驻华代表机构及其官员购买的中国产物品。

以上"出口"是指报关离境，退（免）税是指退（免）增值税、消费税，对无进出口权的商贸公司，借权、挂靠企业不予退（免）税。上述"除另有规定外"是指出口的货物属于税法列举规定的免税货物或限制、禁止出口的货物。

2. 下列出口货物，免征增值税、消费税

（1）来料加工复出口的货物，即原材料进口免税，加工自制的货物出口不退税。

（2）避孕药品和用具、古旧图书，内销免税，出口也免税。

（3）出口卷烟，在生产环节免征增值税、消费税，出口环节不办理退税。其他非计划内出口的卷烟照章征收增值税和消费税，出口一律不退税。

（4）军品以及军队系统企业出口军需工厂生产或军需部门调拨的货物免税。

（5）国家现行税收优惠政策中享受免税的货物，如饲料、农药等货物出口不予退税。

（6）一般物资援助项下实行实报实销结算的援外出口货物。

3. 下列企业出口的货物,除另有规定外,给予免税,但不予退税

(1) 属于生产企业的小规模纳税人自营出口或委托外贸企业代理出口的自产货物。

(2) 外贸企业从小规模纳税人购进并持管通发票的货物出口,免税但不予退税。但对下列出口货物考虑其占出口比重较大及其生产、采购的特殊因素,特准退税:抽纱、工艺品、香料油、山货、草柳竹藤制品、渔网渔具、松香、五倍子、生漆、鬃尾、山羊板皮、纸制品。

(3) 外贸企业直接购进国家规定的免税货物(包括免税农产品)出口的,免税但不予退税。

(4) 外贸企业自非生产企业、非市县外贸企业、非农业产品收购单位、非基层供销社和非成机电设备供应公司收购出口的货物。

4. 除经批准属于进料加工复出口贸易以外,下列出口货物不免税也不退税

(1) 一般物资援助项下实行承包结算制的援外出口货物。

(2) 国家禁止出口的货物,包括天然牛黄、麝香、铜及铜基合金(电解铜除外)、白金等。

(3) 生产企业自营或委托出口的非自产货物。

国家规定不予退税的出口货物,应按照出口货物取得的销售收入征收增值税。

五、我国出口退(免)税的特点

我国的出口货物退(免)税制度是参考国际上的通行做法,在多年实践基础上形成的、自成体系的专项税收制度。这项新的税收制度与其他税收制度比较,有以下几个主要特点。

1. 它是一种收入退付行为

税收是国家为满足社会公共需要,按照法律规定,参与国民收入中剩余产品分配的一种形式。出口货物退(免)税作为一项具体的税

收制度,其目的与其他税收制度不同。它是在货物出口后,国家将出口货物已在国内征收的流转税退还给企业的一种收入退付或减免税收的行为,这与其他税收制度筹集财政资金的目的显然是不同的。

2. 它具有调节职能的单一性

我国对出口货物实行退(免)税,意在使企业的出口货物以不含税的价格参与国际市场竞争。这是提高企业产品竞争力的一项政策性措施。与其他税收制度鼓励与限制并存、收入与减免并存的双向调节职能比较,出口货物退(免)税具有调节职能单一性的特点。

3. 它属间接税范畴内的一种国际惯例

世界上有很多国家实行间接税制度,虽然其具体的间接税政策各不相同,但就间接税制度中对出口货物实行"零税率"而言,各国都是一致的。为奉行出口货物间接税的"零税率"原则,有的国家实行免税制度,有的国家实行退税制度,有的国家则退、免税制度同时并行,其目的都是对出口货物退还或免征间接税,以使企业的出口产品能以不含间接税的价格参与国际市场的竞争。出口货物退(免)税政策与各国的征税制度是密切相关的,脱离了征税制度,出口货物退(免)税便将失去具体的依据。

六、增值税退税率

退税率每年都会发生变化,变化时间不确定,跟踪最新的退税率变化内容可到中国出口退税咨询网查询税率速查栏目,可进行多年度、多时间段的查询,包含增值税、消费税税率。

2004 年 1 月 1 日起,根据国家出口退税率调整如下:

(1) 下列货物维持现行出口退税率不变:

A. 现行出口退税率 5% 和 13% 的农产品。

B. 现行出口退税率为 13% 的以农产品为原料加工生产的工业品(本通知第三条和第四条的规定除外)。

C. 现行税收政策规定增值税征税税率为 17％、退税税率为 13％ 的货物(本通知第三条和第四条的规定除外)。

D. 船舶、汽车及其关键零部件、航空航天器、数控机床、加工中心、印刷电路、铁道机车等现行出口退税率为 17％ 的货物。

(2) 小麦粉、玉米粉、分割鸭、分割兔等货物的出口退税率,由 5％ 调高到 13％。

(3) 取消原油、木材、纸浆、山羊绒、鳗鱼苗、稀土金属矿、磷矿石、天然石墨等货物的出口退税政策。对其中属于应征消费税的货物,也相应取消出口退(免)消费税政策。

(4) 调低下列货物的出口退税率:

A. 汽油、未锻轧锌的出口退税率调低到 11％。

B. 未锻轧铝、黄磷及其他磷、未锻轧镍、铁合金、钼矿砂及其精矿等货物的出口退税率调低到 8％。

C. 焦炭半焦炭、炼焦煤、轻重烧镁、萤石、滑石、冻石等货物的出口退税率调低到 5％。

D. 除第一条、第二条、第三条及本条第(一)款、第(二)款、第(三)款规定的货物外,凡现行出口退税率为 17％ 和 15％ 的货物,其出口退税率一律调低到 13％;凡现行征税率和退税率均为 13％ 的货物,其出口退税率一律调低到 11％。

(5) 出口企业在 2003 年 10 月 15 日前已对外签订的、价格不可更改的属于本通知第四条第四款范围的成套设备(指出口价值在 200 万美元以上的成套设备)及大型机电产品(指单台、件价值在 100 万美元以上的机电产品)的出口合同,按合同规定的出口日期在 2004 年 1 月 1 日以后出口的,必须在 2003 年 11 月 15 日前执出口合同正本和副本到主管退税机关登记备案,省国家税务局审核后,在 2003 年 11 月 30 日前将符合条件的出口合同及有关资料报国家税务总局,国家税务总局会同财政部审核批准后,由当地国家税务局按照调整前的退税率办理退税。对未能在 2003 年 11 月 15 日前登记备案的成套设备和大型机电产品,一律按调整后的退税率办理出口退税。

(6)自 2004 年 1 月 1 日起,无论任何企业以何种贸易方式出口货物均按本通知规定的出口退税率执行。具体执行日期以出口货物报关单上海关注明的离境日期为准。

七、出口退税计算公式

出口退税计算公式如下:

出口退税额＝税后货值(增值税发票金额)÷(1＋增值税税率)×出口退税率

例如:货值 100 万元人民币,增值税税率为 17％,退税率为 13％,则退税额为:

$$1\,000\,000 \div 1.17 \times 0.13 = 111\,111.11(元人民币)$$

八、出口退税新政策

1994 年税制改革以来,中国出口退税政策历经 7 次大幅调整。

1995 年和 1996 年进行了第一次大幅出口退税政策调整,由原来的对出口产品实行零税率调整为 3％、6％和 9％三档。

1998 年为促进出口进行了第二次调整,提高了部分出口产品退税率至 5％、13％、15％％、17％四档。

此后,外贸出口连续三年大幅度、超计划增长带来了财政拖欠退税款的问题。2004 年 1 月 1 日起国家第三次调整出口退税率为 5％、8％、11％、13％和 17％五档。

2005 年进行了第四次调整,中国分期、分批调低和取消了部分"高耗能、高污染、资源性"产品的出口退税率,同时适当降低了纺织品等容易引起贸易摩擦的出口退税率,提高重大技术装备、IT 产品、生物医药产品的出口退税率。

2007 年 7 月 1 日执行了第五次调整的政策,调整共涉及 2 831 项商品,约占海关税则中全部商品总数的 37％。经过这次调整以后,出口退税率变成 5％、9％、11％、13％和 17％五档。

2008 年 8 月 1 日第六次出口退税政策调整后,部分纺织品、服装的出口退税率由 11％提高到 13％;部分竹制品的出口退税率提高到 11％。

第七次调整就是将从 2008 年 11 月 1 日实施的上调出口退税率政策。此次调整涉及 3 486 项商品,约占海关税则中全部商品总数的 25.8％。主要包括两个方面的内容:一是适当提高纺织品、服装、玩具等劳动密集型商品出口退税率。二是提高抗艾滋病药物等高技术含量、高附加值商品的出口退税率。中国的出口退税率分为 5％、9％、11％、13％、14％和 17％六档。

【思考与习题】

出口核销和退税的步骤是什么?

第六章 进 口 单 证

【导入】 进口贸易又称输入贸易（import trade），是指将外国商品输入本国市场销售，进口贸易环节中涉及的单证关系到进口业务的成败，制作和审核进口单证，是外贸易人员必须掌握的技能。

第一节　根据进口合同填制开证申请书

信用证是当今国际贸易中的核心支付工具，也是我国进口业务中最主要的支付方式。在进口业务中，信用证申请书是企业自行缮制的一项重要文件。开证申请书（application form）是买方作为开证申请人委托开证银行开立以卖方为受益人的信用证的法律文件，开证申请人与开证行之间的关系是以开证申请书的形式建立起来的一种合同关系，双方的权利义务关系是根据该申请书确定的。开证申请书一旦经银行承诺，即成为开证申请人与开证行的契约文件，具有法律效力。信用证开出之后，除非得到受益人（出口商）同意，不能擅自要求开证行修改或撤销；在开证行履行付款责任后，开证申请人应根据申请书的规定，在接到开证行的赎单通知后，及时将货款付给开证行，若单证不符，开证申请人有权拒绝赎取不符合信用证条款的单据，并拒付货款。

进口企业科学、缜密地设置有关条款，细致地缮制开证申请书，对于降低进口风险，保障全面履行合同，有极大的帮助。

1. 信用证申请书应依据合同制作

(1) 开证申请书内容应该以合同为依据,品名、数量、单价、装运期、单据等应该对照买卖合同填写。如果信用证规定存在与买卖合同不一致之处,卖方有权要求买方修改信用证。若买方不修改信用证,就意味着买方未遵守合同,构成违约,卖方有权根据买方违约的程度要求索赔,或解除合同。为了避免增加额外的改证费用,耽误时间,进口企业应在开证申请书环节就把好第一关。

(2) 如果买卖合同中对信用证条款规定较简单,一些信用证条款在合同中并未明确规定,则可以根据产品的贸易惯例,公平、合理进行有关信用证条款的补充,明确合同中未规定的事项。如:银行费用的划分、通知行、有效期、第三者单据等条款,常常未必会在买卖合同中明确规定,需要在信用证申请书中明确。同时,这些补充的条款不得与买卖合同中既有的条款有直接的矛盾或不一致。

2. 信用证申请书应该依据我国进口商品的有关政策法规要求制作

我国对于部分进口产品有一定的管理要求,应事先向海关、检验检疫局等口岸机关充分了解产品进口的有关管理规定,并在信用证申请书中作相应的约定,以免影响到商品的进口验放、征税。

例 1　对动植物及产品的进口报检时,一般需提供出口国的官方检疫证书以及原产地证。如,从智利进口的鱼粉信用证中,除了一般的商业单据外,信用证中还需要列明以下两份单据以供报检之用:① Health certificate for export in one original and two copies issued by SERVICIO NACIONAL DDE PESCA in Chile。② Certificate of origin Form F China-Chile FTA in one original and two copies issued by Direcon Chile。

例 2　适用优惠贸易协定项下的进口特惠税率时,必须在报关时提供海关规定的有关文件。如适用《中国—东盟自由贸易区协议》税率的进口货物,必须提供六国政府指定机构签发的原产地证书(Form E),同时规定货物不得在东盟国家之外转运。

例 **3**　废料的进口报检时,需要提供中国商检公司(CCIC)在装运口岸出具的检验证书。如,在废纸的进口信用证中的议付单据包含：Preshipment inspection certificate indicating container number and seal number issued by CCIC。

3. 信用证申请书内容应该完整、自足

开证申请书的基本内容包括以下六个方面：

(1) 对信用证本身的说明：如信用证的种类、性质、金额、到期地点及其有效期等。

(2) 对货物的要求：货物的名称、品种规格、数量、包装和价格等。

(3) 对运输的要求：装运期限、装运港、目的港、运输方式、可否分批装运和可否中途转船等。

(4) 对单据的要求：明确单据的种类、名称、内容和份数等主要单据有货物单据(以发票为中心,包括装箱单、重量单、产地证和商检证书等),运输单据及保险单据,另外还有其他单据,如寄样证明、装船通知电报副本等。

(5) 附加条款：根据每一笔具体业务的需要,可作出不同的规定,包括交单期、银行费用的说明、对议付行寄单方式、议付背书和索偿方法的指示等。

(6) 开证行对受益人和汇票持有人保证付款的责任文句。信用证是以贸易合同为基础开立的,但是信用证一经开立,就成为独立于贸易合同之外的另一种契约,是一个自足文件,有其自身的完整性和独立性,并不受贸易合同的约束。信用证的独立性原则是信用证交易的最基本的特点之一,也是各国法律、判例以及国际惯例均认可的原则。银行在"单据严格符合信用证规定"的条件下就必须付款,而不必审核贸易合同的实际履行情况。

例 **1**　主要条款不应表述为"参照贸易合同或某一出处"。某公司签订 3 万吨铁矿(iron ore)进口合同,并规定"Fe 60%min; S 0.005%

外贸单证实务

max；P 0.007％max；Moisture 9％max"。若在信用证的货物描述名简单地表述为"iron ore,details as per contract No. ...",银行在审核单据时就无法参照合同中具体规格,只能按信用证中的货物描述进行判断,无法体现合同中对具体规格的要求。

例2 条款应与价格术语吻合。在 CIF 价格条款进口的开证申请书中,议付单据中应该具备保险单(insurance policy),在提单上应注明"运费付讫"(freight prepaid);在 FOB,CFR 价格条款进口的开证申请书中,议付单据中应该有装船前的装船通知(shipment advice)。

4. 信用证中的指示必须完整和明确

开证申请人应该时刻记住跟单信用证交易是一种单据交易,而不是货物交易,信用证中的相关银行并不审核贸易的具体履行情况。同时银行职员不是商人,申请人也不能希望银行人员能充分了解每一笔交易,仅能从卖方提交的单据是否符合信用证的规定来判断卖方是否有权利取得货款。所以信用证中所有的指示应该明确、清晰,并且从银行角度也具有可操作性。

(1) 避免出单人的模糊用语。当信用证中用"第一流的"(first class),"独立的"(independent),"有资格的"(competent)、"当地的"(local)、"官方的"(official)、"合格的"(qualified),及其他类似词语规定出单人时,只要这些单据的出单人不是受益人,符合信用证的其他条件和条款,银行将接受,这样就无法达到设置这类条款的初衷了。所以在制作开证申请书时,应明确出单人的具体名称。

(2) 装船前的检验证书尽量使用检验机构而非卖方出具的报告。由于检验机构的报告具有独立性,可信度较高,有利于确保货单相符。若以卖方自行出具的检验报告作为议付单据,容易产生卖方的道德风险。卖方为了确保单证相符,能顺利取得货款,可能根据信用证而非货物的实际情况出具检验报告。卖方可能在支付货款后,发现货物与单据有较大的出入。

（3）避免非单据化条款。若信用证中规定的某一条件不是通过出具单据来实现，则受益人可以不理会。因而在制作开证申请书时，应将合同的有关规定转化成单据，而不能简单地照搬照抄合同条款。

信用证申请书样本如下：

TO：BANK OF CHINA

Beneficiary（full name and address）：

_____

_____

L/C No. _____ Contract No. _____

Date and place of expiry of the credit _____

Partial shipments：○ allowed ○ not allowed

Transshipment：○ allowed ○ not allowed

Credit ○ Issue by airmail ○ With brief advice by teletransmission ○ Issue by express delivery ○ Issue by teletransmission（which shall be the operative instrument）Loading on board / dispatch / taking in charge at / from _____ Not later than Sept. 13，2009 for transportation to _____

Amount（both in figures and words）_____

Description of goods：

_____

_____

_____

Credit available with ○ by sight payment

○ by acceptance

○ by negotiation

○ by deferred payment at against the documents detailed herein

○ and beneficiary's draft for 100 ％ of the invoice value at 45 days after sight on _____

○ FOB ○ or other terms ○ CFR ○ CIF

Documents required: (marked with ×)

(   ) Signed Commercial Invoice in 5 copies indicating invoice No. , contract No.

(   ) Full set of clean on board ocean Bills of Lading made out to order and blank endorsed, marked "freight (   ) to collect / (×) prepaid (   ) showing freight amount" notifying LIAO NING OCEAN FISHING CO. , LTD. TEL: (86)411－3680000

(   ) Air Waybills showing "freight (   ) to collect / (   ) prepaid

(   )indicating freight amount" and consigned to _____.

(   ) Memorandum issued by _____ consigned to _____.

(   ) Insurance Policy / Certificate in 3 copies for 110 % of the invoice value showing claims payable in China in currency of the draft, bank endorsed, covering (   ) Ocean Marine Transportation / (   ) Air Transportation / (   )Over Land Transportation/(   ) All Risks, War Risks.

(   ) Packing List / Weight Memo in 4 copies indicating quantity / gross and net weights of each package and packing conditions as called for by the L/C.

(   ) Certificate of Quantity / Weight in 2 copies issued an independent surveyor at the loading port, indicating the actual surveyed quantity / weight of shipped goods as well as the packing condition.

(   ) Certificate of Quality in 3 copies issued by (   ) manufacturer / (X) public recognized surveyor / (   )

(   ) Beneficiary's certified copy of FAX dispatched to the accountees with 3 days after shipment advising (×) name of vessel / (×) date, quantity, weight and value of shipment.

(   ) Beneficiary's Certificate certifying that extra copies of the documents have been dispatched according to the contract terms.

(   ) Shipping Co's Certificate attesting that the carrying vessel is chartered or booked by accountee or their shipping agents:

(   ) Other documents, if any: a) Certificate of Origin in 3 copies issued by authorized institution. b) Certificate of Health in 3 copies issued by authorized institution.

Additional instructions:

(　) All banking charges outside the opening bank are for beneficiary's account.

(　) Documents must be presented with 15 days after the date of issuance of the transport documents but within the validity of this credit.

(　) Third party as shipper is not acceptable. Short Form / Blank Back B/L is not acceptable.

(　) Both quantity and amount 10 ％ more or less are allowed.

(　) Prepaid freight drawn in excess of L/C amount is acceptable against presentation of original charges voucher issued by Shipping Co. / Air line / or it's agent.

(　) All documents to be forwarded in one cover, unless otherwise stated above.

(　) Other terms, if any: Advising bank: KOREA EXCHANGE BANK, SEOUL, KOREA.

Account No.:　　　　　　　　　Transacted by:
(Applicant: name, signature of authorized person)

例 1　某公司的进口信用证的单据中规定需提交 CIQ 证书,同时在特别条款中规定:If the beneficiary has not received the CIQ certificates within 50 days after completion of discharge, certificate of weight issued by CIQ could be substituted by load port certificates of weight. 由于银行无法判断受益人是否在卸货后 50 天内取得 CIQ 证书,所以也无从判断何时应以 CIQ 证书作为议付单据,何时接受装运港的重量证作为议付单据。

例 2　某公司进口 180CST 燃料油,其价格为活价,即签约时尚未确定具体价格,只是约定计价方式,以装运日以及前后 2 天新加坡 PLATTS 的 180CST 报价的平均价格加 38 美元/吨作为合同的单价。在信用证中体现为:The unit price on CIF Zhoushan, China shall be based on average of the mean quotations for HSFO 180CST as published by

Platts' Asia Pacific/Arab gulf marketscan for 5 days pricing around B/L date plus a premium of U S dollars 38.00(thirty eight point zero) per metric ton. 由于银行并没有义务了解装运日新加坡 PLATTS 的报价，卖方提交发票的价格是否正确，银行是无法判断的。

5. 及时提交信用证申请书，以确保按时开立信用证

按合同约定及时开具信用证是买方的义务。银行接受开证申请书后，需要一定的工作流程后方可正式开出信用证，所以买方应该提早制作开证申请书，以便在银行按时开出信用证。在市场行情上涨的情况下，卖方可能以开证不及时为由取消合同，拒绝交货。

若买卖合同没有明确规定开立信用证的时间，依据惯例，买方可以在装运期前的一段合理时间内开出信用证，最迟应该在装船期开始的前一天开证。

按国家规定，一些商品在进口开证前就必须提交机电批文、许可证等文件，银行方对外开证，所以开证时除了申请书之外，有关的批件也应及时备妥提交银行。

6. 全面、综合审核开证申请书，以防止自相矛盾的条款和措辞

(1) 避免套证(开立信用证申请书时，内容拷贝和套用过去已开立的信用证)。简单地拷贝既往的条款虽然快捷，但难免出现疏忽，遗漏了某些合同特别的条款要求。

(2) 由于业务员对某些条款并不了解，造成条款之间的矛盾。本身为承租船进口的运输，却不接受 charter party B/L；保税区仓库交货的业务，却要求提供提单；空运业务，却要求提供海运提单；FOB 进口业务，却要求提供保险单；信用证兑付方式既选择远期付款(at...days sight)，又选择延期付款(defer payment)。又如运输条款上规定准予转运，在单据条款中又要求提示直运提单。

7. 在"附加条款"中，酌情增加自我保护性规定

附加条款的内容较灵活，可以根据具体业务、买卖双方谈判的结

果,作出不同的规定。有利于保护买方的附加条款举例如下:

（1）不允许电索汇(T/T reimbursement not allowed)。因为在电索汇条款下,出口地议付行在收到受益人提交的单据,与信用证条款核对无误后,可用电报要求开证银行立即付款。但是实际操作中,议付行和开证行可能在是否单证相符上有不同的观点,而货款已经付出,进口企业容易陷入被动。

（2）不接受货代提单、分单、简式提单、空白提单(forwarder's B/L, house B/L short B/L, and blank B/L unacceptable.)。由于货代提单、分单不是货权凭证,可能会影响到进口企业在目的港的提货,所以不宜接受。空白提单中没有提单背面的运输条款,缺乏对承运人的责任、托运人的责任以及索赔、诉讼等问题的详细规定,简式提单则是背面运输条款较简单,使用简式和空白提单时,若发生货损,与船公司责任不易清晰界定,容易产生纠纷。

8. 咨询开证行,听取其专业建议

银行的结算部门在信用证方面,有着较为丰富的实践经验,在开立信用证中遇到疑难杂症时,可以向开证行请教,同时,进口企业是开证行的客户,信用证的顺利履行是开证行和进口企业的共同目标,所以,开证行从控制风险角度考虑,也愿意在开证环节与进口企业共同把关,科学地设置条款。

第二节 进口单证的审核

进口贸易的合同履行,对进口商来说主要工作涉及信用证开立、单证审核、对外付款、对内办理结算等,本节主要就进口单证审核阐述如下。

进口单证审核以进口合同中规定以信用证方式支付为例。在以信用证为支付方式的进口单证审核中需分两步进行,即开立信用证和进口货物单证审核。

1. 开立信用证

进口贸易开证是履行合同的第一步,必须以合同为依据及时对外开证。

(1) 开证时间。必须在合同规定的时间内开立信用证,如合同有装期的起至日期,则最迟必须让卖方在装期的第一天就收到信用证,如合同只规定最后装期,那开证一般应在合同规定的交货期前一个月至一个半月左右。总之要使卖方在收到正本信用证后能按照合同规定的装期出运货物。

(2) 开证时要注意证同一致。必须以签订的正本合同(包括修改后的正本合同)为依据,合同内需要在信用证上明确的条款都必须在信用证申请书上列明。因为信用证是一个独立文件,不依附于贸易合同。客户名称、地址、合同号码、商品品名、规格包装、数量单价、价格条件、使用的货币、金额、单证条件、能否转船和分批装运、装运港、目的港、装船期和有效期等主要内容,甚至商标品牌、生产厂家都要在信用证上一一列明。

(3) 价格条款须与其相适应的运输单据和保险单据以及何方负担运费、货运单据运费表示的方法相吻合。如 CIF 价,在 B/L 上就应注明"freight prepaid",还要卖方提交保险单据,表明保险内容范围、投保金额及赔付地点。

(4) 对卖方的特殊要求,在不违背 UCP600 要求以及我国进口贸易中惯例的情况下,予以考虑。

2. 进口货物单证审核

(1) 提单(B/L):应具备全套可转让提单,并经承运人船公司或代理行签署;若文字有更改时,应有提单签署人的签字;提单的抬头人、受货人、通知人、发货人;商品信息摘要;相关日期;装运港与卸货港;背书情况等与信用证相符;提单上要注明"shipped on board dated"、

"freight prepaid"或"freight collect"。

（2）汇票：汇票的数量、金额、内容、日期、条款与信用证相符；签名人或背书人不得遗漏。

（3）商业发票：开票人与收益人及汇票出票人一致；抬头人为开证申请人；日期早于汇票及效期；商品名称、描述，单价、数量单位，唛头、号码与信用证一致；金额与汇票一致，不超过信用证规定；货物数量、金额符合信用证中的溢短装条款或《跟单信用证统一惯例》的规定；装运日期、起运地与提单一致；贸易条件、认证要求、发票份数和信用证一致；费用记载正确，无额外费用列入。

（4）装箱单：货物名称、规格、数量、唛头和重量、尺码与信用证、提单及发票相符。

（5）保险单：由信誉卓著的保险公司签发，由其负责人签名；保险单种类、份数、被保险人与信用证规定相符；投保险别、金额、币种、运输要求与信用证、提单相一致；生效日期、赔款地点和代理行符合要求。

（6）产地证：签署机构，进口商或收货人的名称和地址，货品名称、品质、数量等商品记述，生产国，签发日期，份数相符。

（7）检验证明书（品质证书、分析证书、工厂检验证书）：货物名称、规格、数量、成分、品质、重量、唛头和检验项目、内容、签署机构与信用证相符；出证日期合理；检验结果没有瑕疵。

（8）检疫证明书及其他单证：符合信用证要求；与其他单证内容相一致。

【思考与习题】

进口单证的审核注意事项是什么？

第七章

单证业务综合训练

综合实训一　信用证实训

根据合同审核信用证。

销货合同 SALES CONTRACT

Contract No.：SGQ468001

Seller：GUANGZHOU LIGHT ELECTRICAL APPLIANCES CO.，LTD

Date：APR. 22，2008

Signed at：GUANGZHOU

Address：52，DEZHENG ROAD SOUTH，GUANGZHOU，CHINA.

Telex：83556677

Fax：83556688

Buyers：A. B. C. CORP.

Address：AKEDSANTERINK AUTO P. O. BOX. 9，FINLAND

Telex：＿＿＿＿＿＿

Fax：＿＿＿＿＿＿

　　This Sales Contract is made by and between the sellers and buyers，whereby the buyers agree to buy the undermentioned goods according to the terms and conditions stipulated below：

(1) 货号、品名及规格 Name of commodity and specifications	(2) 数量 Quantity	(3) 单位 Unit	(4) 单价 Unit Price	(5) 金额 Amount
HALOGEN FITTING W500 10% more or less both in amount and quantity allowed	9600 PCS	PC	CIF HELSINK USD3. 80/PC	USD 36 480. 00
		Total Amount		USD 36 480. 00

(6) Packing:CARTON

(7) Delivery From Guangzhou to HELSINKI

(8) Shipping Marks:N/M

(9) Time of Shipment:within 30 days after receipt of L/C,allowing transshipment and partial shipment.

(10) Terms of Payment:by 100% Confirmed Irrevocable Letter of Credit in favor of the Sellers to be available by sight draft to be opened and to reach China before MAY 1,2008 and to remain valid for negotiation in China until the 15th days after the foresaid Time of Shipment. L/C must mention this contract number L/C advised by BANK OF CHINA GUANGZHOU BRANCH. TLX: 444U4K GZBC. CN. ALL banking charges outside China(the mainland of China)are account of the Drawee.

(11) Insurance:to be effected by the Sellers for 110% of full invoice value covering F. P. A. up to HELSINKI to be effect by the Buyers.

(12) Arbitration:all disputes arising from the execution of, or in connection with this contract shall be settled amicably by negotiation. In case no settlement can be reached through negotiation. The case shall then be submitted to China International Economic & Trade Arbitration Commission in Shenzhen(or in Beijing) for arbitration in accordance with its rules of procedures. The arbitral award is final and binding upon both parties for setting the dispute. The fee for arbitration shall be borne by the losing party unless otherwise awarded.

The Seller: 李力   The Buyer: _____

Issue of Documentary Credit

Issuing Bank: METTABANKLTD. ,FINLAND

Form of Doc. Credit: REVOCABLE

Credit Number: LRT200802457

Date of Issue: 20080428

Expiry: Date 20080416 Place Finland

Applicant: A. B. C. CO. AKEDSANTERINK AUTO P. O. BOX 9,FINLAND

Beneficiary: GUANGZHOU LIGHT ELECTRICAL APPLIANCES CO. , LTD. 52,DEZHENG ROAD SOUTH, GUANGZHOU, CHINA

Amount: USD 3 648. 00 (SAY U S DOLLARS THIRTY SIX HUNDRED AND EIGHT ONLY)

Available with/by: ANY BANK IN ADVISING COUNTRY BY NEGOTIA-TION

Draft at. . . : DRAFT AT 20 DAYS'SIGHT FOR FULL INVOICE VALUE

Partial Shipments: NOT ALLOWED

Transshipment: ALLOWED

Loading in Charge: GUANGZHOU

For Transport to: HELSINKI

Shipment Period: AT LEAST THE LASTEST MAY 30, 2008

Descrip. of Goods: 960PCS OF HALOGEN FITTING W500,USD6. 80 PER PC AS PER SALES CONTRACT 98SG468001 DD 22,4,98 CIF HESINKI

Documents Required: * COMMERCIAL INVOICE 1 SIGNED ORIGINAL AND 5 COPIES

           * PACKING UST IN 2 COPIES

           * FULL SET OF CLEAN ON BOARD MARINE BILLS OF LADING, MADE OUT TO ORDER, MARKED"FREIGHT PRE-PAID"AND NOTIFY APPLICANT (AS INDICATE ABOVE)

           * GSP CERTIFICATE OF ORIGIN FORM A, CER-TIFYING GOODS OF ORIGIN

IN CHINA, ISSUED BY COMPETENT AUTHORITIES

     * INSURANCE POLICY/CERTIFICATE COVERING ALL RISKS AND WAR RISKS OF PICC INCLUDING WAREHOUSE TO WAREHOUSE CLAUSE UP TO FINAL DESTINATION AT HELSINKI, FOR AT LEAST 120 PCT OF CIF VALUE.

     * SHIPPING ADVICE MUST BE SENT TO APPILICANT WITH 2 DAYS AFTER SHIPMENT ADVISING NUMBER OF PACKAGES, GROSS & NET WEIGHT, VESSEL NAME, BILL OF LADING NO. , AND DATE, CONTRACT NO. , VALUE.

Presentation Period: 6 DAYS AFTER ISSUANCE DATE OF SHIPPING DOCUMENT

Confirmation: WITHOUT

Instructions: THE NEGOTIATION BANK MUST FORWARD THE DRAFTS AND ALL DOCUMENTS BY REGISTERED AIRMAIL DIRECT TO US IN TWO CONSECUTIVE LOTS, UPON RECEIPT OF THE DRAFTS AND DOCUMENTS IN ORDER, WE WILL REMIT THE PROCEEDS AS INSTRUCTED BY THE NEGOTIATING BANK

综合实训二 信用证制单实训

根据下列信用证内容及相关资料缮制所需单证。

ISSUING BANK: CYPRUS POPULAR BANK LTD, LARNAKA

ADVISING BANK: BANK OF CHINA, SHANGHAI BRANCH

SEQUENCE OF TOTAL　* 27: 1/1

FORM OF DOC. CREDIT * 40A: IRREVOCABLE

DOC. CREDIT NUMBER * 20: 186/04/10014

DATE OF ISSUE　　　 31C: 040105

EXPIRY　　　　　　 * 31D: DATE 040229 PLACE CHINA

APPLICANT　　　　　* 50: LAIKI PERAGORA ORPHANIDES LTD. ,

020 STRATIGOU TIMAGIA AVE. , 6046, LARNAKA, CYPRUS

BENEFICIARY　　　　　＊59: SHANGHAI GARDEN PRODUCTS IMP.
AND EXP. CO. , LTD. 27 ZHONGSHAN DONGYI ROAD, SHANGHAI,
CHINA

AMOUNT　　　　　　＊32B: CURRENCY USD AMOUNT 6 115. 00

AVAILABLE WITH/BY　＊41D: ANY BANK BY NEGOTIATION

DRAFT AT...　　　　42C: AT 30 DAYS SIGHT

DRAWEE　　　　　　＊42D: ＊ CYPRUS POPULAR BANK LTD. ,
　　　　　　　　　　LARNAKA

PARTIAL SHIPMENT　43P: ALLOWED

TRANSSHIPMENT　　43T: ALLOWED

LOADING IN CHARGE　44A: SHANGHAI PORT

FOR TRANSPORT TO... .44B: LIMASSOL PORT

LATEST DATE OF SHIP.44C: 040214

DESCRIPT. OF GOODS 45A: WOODEN FLOWER STANDS AND
WOODEN FLOWER POTS AS PER S/C NO. E03FD121. CFR LIMASSOL
PORT, INCOTERMS 2000

DOCUMENTS REQUIRED 46A:

+COMMERCIAL INVOICE IN QUADRUPLICATE ALL STAMPED AND
SIGNED BY BENEFICIARY CERTIFYING THAT THE GOODS ARE OF
CHINESE ORIGIN.

　　　　　　　　　+FULL SET OF CLEAN ON BOARD BILL OF
LADING MADE OUT TO ORDER OF SHIPPER AND BLANK EN-
DORSED, MARKED FREIGHT PREPAID AND NOTIFY APPLICANT.

　　　　　　　　　+PACKING LIST IN TRIPLICATE SHOWING
PACKING DETAILS SUCH AS CARTON NO. S AND CONTENTS OF
EACH CARTON.

　　　　　　　　　+CERTIFICATE STAMPED AND SIGNED BY
BENEFICIARY STATING THAT THE ORIGIAL INVOICE AND PACK-

ING LIST HAVE BEEN DISPATCHED TO THE APPLICANT BY COURI-
ER SERVISE 2 DAYS BEFORE SHIPMENT.

ADDITIONAL COND.　　47A：

　　　　　　　＋EACH PACKING UNIT BEARS AN INDELI-
BLE MARK INDICATING THE COUNTRY OF ORIGIN OF THE GOODS.

　　　　　　　＋A USD 50.00 DISCREPANCY FEE, FOR BEN-
EFICIARY'S ACCOUNT, WILL BE DEDUCTED FROM THE REIM-
BURSEMENT CLAIM FOR EACH PRESENTATION OF DISCREPANT
DOCUMENTS UNDER THIS CREDIT.

DETAILS OF CHARGES 71B：ALL BANK CHARGES OUTSIDE CYPRUS
ARE FOR THE ACCOUNT OF THE BENEFICIARY.

PRESENTATION PERIOD 48：WITHIN 15 DAYS AFTER THE DATE OF
SHIPMENT BUT WITHIN THE VALIDITY OF THE CREDIT.

CONFIRMATION　　　＊49：WITHOUT

INSTRUCTION　　　78：ON RECEIPT OF DOCUMENTS CONFIRM-
ING TO THE TERMS OF THIS DOCUMENTARY CREDIT, WE UNDER-
TAKE TO REIMBURSE YOU IN THE CURRENCY OF THE CREDIT IN
ACCORDANCE WITH YOUR INSTRUCTIONS, WHICH SHOULD IN-
CLUDE YOUR UID NUMBER AND THE ABA CODE OF THE RECEIV-
ING BANK.

相关资料：

发票号码：04SHGD3029　　　　　　发票日期：2004 年 2 月 9 日

提单号码：SHYZ042234　　　　　　提单日期：2004 年 2 月 12 日

集装箱号码：FSCU3214999　　　　　集装箱封号：1295312

船名：LT USODIMARE　　　　　　　航次：V. 021W

木花架：WOODEN FLOWER STANDS　H. S. CODE：44219090.90

QUANTITY：350PCS, USD8.90/PC, 2pcs/箱，共 175 箱。纸箱尺码：66×22
×48(cm)。

毛重：11KGS/箱，净重:9KGS/箱。

木花桶，WOODEN FLOWER POTS，　　H. S. CODE:44219090.90，
QUANTITY：600PCS，USD5.00/PC，4pcs/箱，共 150 箱。纸箱尺码:42×42
×45(cm)。
毛重：15KGS/箱，净重：13KGS/箱。

唛头：L. P. O. L.
DC NO. 186/04/10014
MADE IN CHINA
NO. 1-325

综合实训三　信用证制单实训

根据下列信用证内容及相关资料缮制所需单证。

Issuing bank：The Hongkong and Shanghai Banking Corp.　Hongkong
To：Bank of China Shandong Branch
L/C NO.：DC 70825
Date：Aug. 20，2008
Expiry date and place：Oct. 30，2008；China
Applicant：Geng Fa Trading Co.，Ltd. Hongkong
Beneficiary：

　Shandong Sunbright Co.，

　26 Xianggang zhong road, Qingdao China
Amount：USD 45 000.00(U. S. DOLLARS FORTY FIVE THOUSAND)
Available by negotiation
Draft：at 90 days after B/L date for full invoice value of goods drawn on us
Partial shipments：allowed
Transshipment：prohibited

Shipment from any port in china to Hongkong at latest Oct. 15，2008

Description of goods：

　12 000 pairs Men's shirt at USD 3. 6 per pairs CFR Hongkong

Packed in 20 pairs in a case 5kgs net /5. 5kgs gross per case

As per contract No. GF 8025

Documents：

＋ signed commercial invoice in triplicate certifying merchandise country of origin and showing FOB value.

＋Full set original clean on board bill of lading made out to shipper's order and endorsed in blank and marked freight prepaid and notify applicant and issuing bank.

Special conditions：

＋ Documents to evidence the shipping marks：GFT/Hongkong/1-UP

＋ This credit No. which must be given on all other documents.

＋ The goods have shipped in container appear in B/L

NOTE：

1. Invoice NO. QSC 8107

2. B/L　NO. SHANQ 702013　　　B/L DATE：Oct. 13，2008

Vessel name：SHANQING V. 021

Container NO. KLIN 502567 SEAL NO. 325981

3. Measurements of packing：38. 5CBM

4. Freight charge：USD 800. 00

综合实训四　国际贸易合同实训

根据下列成交条件将未完成的国际贸易合同填写完整。

2009 年 2 月，日本某公司(Tkamla Corporation 6-7，Kawara Mach Osaka，Japan)与上海进出口贸易公司(Shanghai Import & Export Trade Corporation 1321 Zhongshan Road Shanghai，China)就棉毯(cotton blanket)经过几个回合的磋商，达成如下交易条件：

规　　格	成交数量	单　　价
ART NO. H666	1 000 PCS	USD 5.50/PC
ART NO. HX88	1 000 PCS	USD 4.50/PC
ART NO. HE21	1 000 PCS	USD 4.80/PC

成交价格条件：CIF Osaka

包装条件：1 个棉毯装在一个塑料袋里，10 条棉毯装在一个纸箱里。

装货/装运条件：最迟于 2009 年 3 月 31 日自中国上海港经海运至日本大阪，不允许分批，不允许转船。

保险条件：由卖方按发票金额的 110% 投保一切险。

付款条件：即期不可撤销信用证结算。

唛头：T. C
　　　HX090264
　　　OSAKA
　　　1-UP

合同号：HX090264

合同日期：2009 年 2 月 10 日

合同填写部分：

CONTRACT

No. ：HX090264
Date：FEB. 10,2009

(1) The seller：

　　Address：

(2) The buyer：

　　Address：

　　The undersigned sellers and buyers have agreed to close the following transaction according to the terms and conditions stipulated below.

Name of Commodity, Specification	Quantity	Unit price	Amount
Cotton Blanket ART NO. H666 ART NO. HX88 ART NO. HE21	 1 000 PCS 1 000 PCS 1 000 PCS	CIF Osaka USD 5. 50 USD 4. 50 USD 4. 80	CIF Osaks USD 5 500. 00 USD 4 500. 00 USD 4 800. 00
		TOTAL:	USD 14 800. 00

(3) Total Contract Value:

(4) Packing:

(5) Port of Loading & Destination:

(6) Partial Shipment And Transshipment:

(7) Time of Shipment:

(8) Term of Payment:

(9) Insurance:

(10) Shipping Marks:

Confirmed By:

The Seller:

Shanghai Import & Export Trade Corporation

签字

The Buyer:

Tkamla Corporation

签字

综合实训五　信用证制单实训

根据综合实训四填制的合同审查下列信用证,指出存在的问题以及如何修改,再填写发票、产地证、提单和装箱单。

信用证原文:

SEQUENCE OF TOTAL　　　　*27:1/1

FORM OF DOC. CREDIT	* 40 A:IRREVOCABLE
DOC. CREDIT NUMBER	* 20:33416852
DATE OF ISSUE	31 C: 090212
DATE AND PLACE OF EXPIRY	* 31 D:DATE 090405 PLACE IN JAPAN
APPLICANT	* 50: TKAMA CORPORATION 6-7, KAWARA MACH OSAKA, JAPAN
ISSUING BANK	52A:FUJI BANK LTD 1013,SAKULA OTOLIKINGZA MACHI TOKYO,JAPAN
BENEFICIARY BRANCH	* 59: BANK OF CHINA SHANGHAI
CHINA	31, GANXIANG ROAD SHANGHAI,
AMOUNT	* 32 B:CURRENCY USD AMOUNT 14
800.00	
AVAILABLE WITH/BY	* 41 D:ANY BANK IN CHINA BY NEGOTIATION
DRAFTS AT..	42 C:DRAFTS AT SIGHT FOR FULL INVOICE VALUE
DRAWEE	42 A:FUJI BANK LTD
PARTIAL SHIPMENTS	43 P:NOT ALLOWED
TRANSSHIPMENT	43 T:PROHIBITED
LOADING ON BOARD	44 A:SHANGHAI
FOR TRANSPORTATION TO...	44 B:OSAKA PORT
LATEST DATE OF SHIPMENT	44 C:MAR. 21, 2006
DESCRIPT OF GOODS	45 A:COTTN BLANKET

ART NO. H666	1 000 PCS	USD 5.50/PC
ART NO. HX88	1 000 PCS	USD 4.30/PC

ART NO. HE21   1 000 PCS   USD 4. 80/PC

CIF SHANGHAI

DOCUMENTS REQUIRED 46 A

+SIGNED COMMERCIAL INVOICE IN TRIPLICATE

+PACKING LIST IN TRIPLICATE

+CERTIFICATE OF ORIGIN GSP FORM A, ISSUED BY THE CHAMBER OF COMMERCE OR OTHER AUTHORITY DULY ENTITLED FOR THIS PURPOSE.

+3/3 SET OF CLEAN ON BOARD OCEAN BILLS OF LADING, MADE OUT TO ORDER OF SHIPPER AND BLANK ENDORSED AND MARKED "FREIGHT COLLECTED" AND NOTIFY APPLICANT.

+FULL SET OF NEGOTIABLE INSURANCE POLICY OR CERTIFICATE BLANK ENDORSED FOR 120 PCT INVOICE VALUE COVERING ALL RISKS

CHARGES 71B: ALL BANKING CHARGES OUTSIDE JAPAN ARE FOR ACCOUNT OF BENEFICIARY.

PERIOD FOR PRESENTATION 48: DOCUMENTS MUST BE PRESENTED WITHIN 5 DAYS AFTER THE DATE OF SHIPMENT BUT WITHIN THE VALIDITY OF THE CREDIT.

INSTRUCTIONS TO THE PAYING/ACCEPTING/NEGOTIATING BANK: 78:

1. ALL DOCUMENTS MUST BE FORWARDED TO US IN ONE AIRMAIL

2. A DISCREPANT DOCUMENT FEE OF USD 35. 00 BE DEDUCTED FROM PROCEEDS IF THE DISCREPANCIES ARE ACCEPTED.

3. UPON RECEIPT OF ALL DOCUMENTS AND DRAFT IN CONFORMITY WITH THE TERMS AND CONDITIONS OF THIS CREDIT, WE SHALL REMIT THE PROCEEDS TO THE BANK DESIGNATED BY YOU.

SENDER TO RECEIVER INFORMATION 72
THIS CREDIT IS ISSUED SUBJECT TO UNIFORM CUSTOMS AND
PRACTICE FOR DOCUMENTARY CREDITS(1993 REVISION) ICC PUB-
LICATION NO. 500

综合实训六　托收制单实训

请以"单证员"的身份,根据上述合同与其他资料的内容缮制发
票、装箱单、货运委托书、报检委托书、非木质证书、投保单、保险单、报
关委托书、海运提单、汇票和装运通知。

实训资料:

(1) The Seller:Shanghai Toy Import & Export Corporation

　　　　　　　530 Zhongshan Road Shanghai China

(2) The Buyer:Marusawa Import & Export Corporation

　　　　　　　No. 456 Ikeda Mach Osaka Japan

　Tel:128—76969　　Fax:128—76969

(3) S/C　No:MT061011　　　Date:2006. 10. 1

(4) Description of Goods:100% Cotton Painter T-Shirt

　　　　Description:　　　No. XT 11 000 PCS

　　　　　　　　　　　　No. HX 12 000 PCS

　　　　　　　　　　　　No. HY 13 000 PCS

(5) Unit Price:No. XT　USD 5. 00/ PC

　　　　　　　No. HX　USD 6. 00/ PC

　　　　　　　No. HY　USD 7. 00/ PC

　　　　　　　CIF　Osaka

(6) Packing:　No. XT　Packed　IN 1 Carton　OF 50 PCS　Each

　　　　　　No. HX　Packed　IN 1 Carton　OF 60 PCS　Each

　　　　　　No. HY　Packed　IN 1 Carton　OF 70 PCS　Each

　　　　　　G. W.:22 KGS / CTN N. W.:20 KGS / CTN MEAS:0. 15

M3 /CTN

        Packed in Two 20' Container （集装箱号：TEXU2263999/
TEXU2264000）

(7) Payment：D/P 60 Days After Sight

(8) Destination：Osaka

(9) Partial Shipment：allowed

(10) Transshipment：not allowed

(11) Loading Port：Shanghay

(12) Latest Date of Shipment：2006. 11. 30

(13) Vessel：Golden Gate Bridge V. 10W

(14) B/L No.：COSU66089803

(15) B/L Date：2006. 11. 10

(16) H. S. Code：8302. 100

(17) 报检委托书编号：W1245645

(18) 熏蒸证书编号：SH061012

(19) 人民币账号：RMB06128617

(20) 外币账号：WB68432156

(21) Insurance：for 110% of the invoice value covering all risks as per PICC
     Dated 1/1/1981

(22) 报关委托书编号：AT061123

(23) Invoice No.：WJ06178

综合实训七　电汇制单实训

    请以"单证员"的身份，根据上述合同与其他资料的内容缮制发票、装箱单、货运委托书、报检委托书、非木质证书、原产地证书申请书、原产地证书、投保单、保险单、报关委托书、海运提单和汇票等全套单据。

实训资料：

(1) THE SELLER：SHANGHAI TOY IMPORT & EXPORT CORPORA-TION

530 ZHONGSHAN ROAD SHANGHAI CHINA

(2) THE BUYER：YAMADA TRADE CO. ，LTD

310-224 SKURAMAJI OSAKA JAPAN

(3) S/C NO.：ST06155 DATE：2006. 10. 12

(4) DESCRIPTIONS OF GOODS：PULASH TOY

NO. X11T(DOG)　　11 000 PCS

NO. H12X(CAT)　　12 000 PCS

NO. H13Y(PANDA)　　13 000 PCS

NO. H114Y(BLACK BEAR)　　13 000 PCS

(5) UNIT PRIGE：　NO. X11T USD 0. 40 /PC

NO. H12X USD 0. 50/PC

NO. H13Y USD 0. 30/PC

NO. H14Y USD 0. 30/PC

CIF OSAKA

(6) PACKING：　NO. X11T PACKED IN 1 CARTON OF 110PCS EACH

NO. X12X PACKED IN 1 CARTON OF 110PCS EACH

NO. X13Y PACKED IN 1 CARTON OF 110PCS EACH

NO. X14Y PACKED IN 1 CARTON OF 110PCS EACH

G. W.：22 KGS / CTN N. W. ：20 KGS/CTN

MEAS：0. 15 /CTN

PACKED IN TWO 40 ' CONTAINER （集装箱号：TEXU227777/　　　　　　　TEXU2265555)

(7) PAYMENT：30% BY T/T IN ADVANCE，70% AFTER THE SHIP-MENT

(8) LOADING PORT：SHANGHAI

(9) DESTINATION：OSAKA

(10) TRANSSHIPMENT：NOT ALLOWED

(11) PARTIAL SHIPMENT：ALLOEED

(12) LATEST DATE OF SHIPMENT：2006.11.30

(13) VESSEL：FENDA V.183H

(14) B/L NO.：COSU66089666

(15) B/L DATE：2006.11.20

(16) H.S. CODE：9503.9000

(17) 申请单位注册号：866742Q

(18) CERTIFICATE NO.：500511266

(19) FREIGHT FEE：USD 910

(20) INSURANCE FEE：USD 840

(21) 报检委托书编号：W188886

(22) 非木质证书编号：SH061099

(23) INVOICE NO.：WJ06178

(24) INSURANCE：FOR 110% OF THE INVOICE VALUE COVERING ALL RISKS AS PER P.I.C.C. DATE 1/1/1981

(25) 报关委托书编号：AT061122

综合实训八　进口制单实训

请以"单证员"的身份,根据上述合同资料填写开证申请书,向中国银行上海分行申请开立信用证,并填写入境货物报检单和进口货物报关单,办理报检和报关手续。

实训资料:

近日,上海玩具进出口贸易公司与日本 Tokyo Import & Export Corporation 签订了电子手掌玩具进口贸易合同(P/C NO. RT06911),具体内容如下:

(1) Buyer：Shanghai Toy Import & Export Trade Corporation

13 Nfnxiang Road Shanghai China

Tel：021-56082212　　Fax：021-56082211

(2) Seller: Tokyo Import & Export Corporation

        82-324 OTOLI Mach Tokyo,Japan

        Tel:028-548-742   Fax:028-548-743

(3) Descriptions of Goods:Electron Palm Bauble

(4) Quantity: R222S   1 000 SET   USD 50.00/SET

            R333H   1 000 SET   USD 45.00/SET

            R666W   1 000 SET   USD 35.00/SET

            R888A   1 000 SET   USD 20.00/SET

            FOB Tokyo

(5) Packing: packed in 1 carton of 50 set each

(6) Terms of Shipment: latest date of shipment 061120

(7) Port of Loading: Tokyo ,Japan

(8) Port of Destination: Shanghai China

(9) Terms of Payment: irrevocable documentary credit at sight

(10) Partial shipments: allowed

(11) Transshipment: not allowed

(12) Insurance: for 110 percent of the invoice values covering all risks and
war risk by the buyer

(13) Documents: the seller shall present the following documents to the
paying bank for negotiation

1) Three copies of signed commercial invoice indicating contract number of
tx06238

2) Three copies of packing list

3) Two copies of certificate of quality/quantity issued by manufacture

4) Within 12 hours after the goods are completely loaded ,the seller shall
fax to notify the buyer of the weight,B/L No. and the date of delivery

(14) Account No.: WT056742

(15) Name of Bank: Bank of China Shanghai Branch

(16) The last date of L/C opening :061020

(17) H. S. CODE：9503.900

(18) 订舱货运委托书编号：JF1899W

(19) Vessel：Honda V. 026

(20) B/L No.：TES0610589Q

(21) B/L Date：2006. 11. 15

(22) Freight Fee：USD 520.00

(23) Insurance Fee：USD 590.00

(24) 报检单编号：125489479

(25) 报检单位登记号：30125478Q

(26) 投保单编号：TB067757T

(27) 海关编号：3017887333

(28) 海关注册号：3018712462

信用证英语知识大全

信用证种类　Kinds of L/C

1. revocable L/C；irrevocable L/C 可撤销信用证；不可撤销信用证

2. confirmed L/C；unconfirmed L/C 保兑信用证；不保兑信用证

3. sight L/C；usance L/C 即期信用证；远期信用证

4. transferable L/C(or)assignable L/C(or)transmissible L/C；untransferable L/C 可转让信用证；不可转让信用证

5. divisible L/C；indivisible L/C 可分割信用证；不可分割信用证

6. revolving L/C 循环信用证

7. L/C with T/T reimbursement clause 带电汇条款信用证

8. without recourse L/C；with recourse L/C 无追索权信用证；有追索权信用证

9. documentary L/C；clean L/C 跟单信用证；光票信用证

10. deferred payment L/C；anticipatory L/C 延付信用证；预支信用证

11. back to back L/C；reciprocal L/C 对背信用证；对开信用证

12. traveller's L/C(or)circular L/C 旅行信用证

信用证有关各方名称　Names of Parties Concerned

1. opener 开证人

applicant 开证人（申请开证人）

principal 开证人（委托开证人）

accountee 开证人

accreditor 开证人（委托开证人）

opener 开证人

for account of Messrs 付（某人）账

at the request of Messrs 应（某人）请求

on behalf of Messrs 代表某人

by order of Messrs 奉（某人）之命

by order of and for account of Messrs 奉（某人）之命并付其账户

at the request of and for account of Messrs 应（某人）的要求并付其账户

in accordance with instruction received from accreditors 根据已收到的委托开证人的指示

2. beneficiary 受益人

beneficiary 受益人

in favor of... 以某人为受益人

in one's favor 以某人为受益人

favoring yourselves 以你本人为受益人

3. drawee 付款人（或称受票人，指汇票 ）

to drawn on (or)upon... 以某人为付款人

to value on... 以某人为付款人

to issued on... 以某人为付款人

4. drawer 出票人

5. advising bank 通知行

advising bank 通知行

the notifying bank 通知行

advised through...bank 通过……银行通知

advised by airmail/cable through...bank 通过……银行航空信/电通知

6. opening bank 开证行

opening bank 开证行

issuing bank 开证行

establishing bank 开证行

7. negotiation bank 议付行

8. paying bank 付款行

9. reimbursing bank 偿付行

10. the confirming bank 保兑行

信用证金额　**Amount of the L/C**

1. amount RMB¥… 金额：……人民币

2. up to an aggregate amount of Hongkong Dollars... 累计金额最高为港币……

3. for a sum (or :sums) not exceeding a total of GBP... 总金额不得超过英镑……

4. to the extent of HKD... 总金额为港币……

5. for the amount of USD... 金额为美元……

6. for an amount not exceeding total of JPY... 金额的总数不得超过……日元的限度

运输单据的规定　**The Stipulations for the Shipping Documents**

1. available against surrender of the following documents bearing our credit number and the full name and address of the opener 凭交出下列注名本证号码和开证人的全称及地址的单据付款

2. drafts to be accompanied by the documents marked(×)below
汇票须随附下列注有(×)的单据

3. accompanied against to documents hereinafter 随附下列单据

4. accompanied by following documents 随附下列单据

5. documents required 单据要求

6. accompanied by the following documents marked(×)in duplicate 随附下列注有(×)的单据一式两份

7. drafts are to be accompanied by... 汇票要随附(指单据)……

汇票　**Draft(Bill of Exchange)**

1. the kinds of drafts 汇票种类

(1) available by drafts at sight 凭即期汇票付款。

(2) draft(s) to be drawn at 30 days sight 开立 30 天的期票。

(3) sight drafts 即期汇票。

(4) time drafts 远期汇票。

2. drawn clauses 出票条款（注：即出具汇票的法律依据）

(1) all drafts drawn under this credit must contain the clause "drafts drawn Under Bank of... credit No. ... dated..." 本证项下开具的汇票须注明"本汇票系凭……银行……年……月……日第…号信用证下开具"的条款。

(2) drafts are to be drawn in duplicate to our order bearing the clause "drawn under United Malayan Banking Corp. Bhd. Irrevocable Letter of Credit No. ... dated July 12, 2009" 汇票一式两份,以我行为抬头,并注明"根据马来西亚联合银行 2009 年 7 月 12 日第……号不可撤销信用证项下开立"。

(3) draft(s) drawn under this credit to be marked: "drawn under ···Bank L/C No. ... Dated (issuing date of credit)" 根据本证开出的

汇票须注明"凭……银行……年……月……日（按开证日期）第……号不可撤销信用证项下开立"。

（4）drafts in duplicate at sight bearing the clauses "drawn under... L/C No. ... dated..." 即期汇票一式两份，注明"根据……银行信用证……号，日期……开具"。

（5）draft(s) so drawn must be in scribed with the number and date of this L/C 开具的汇票须注上本证的号码和日期。

发票 **Invoice**

1. signed commercial invoice 已签署的商业发票

（in duplicate 一式两份；in triplicate 一式三份；in quadruplicate 一式四份；in quintuplicate 一式五份；in sextuplicate 一式六份；in septuplicate 一式七份；in octuplicate 一式八份；in nonuplicate 一式九份；in decuplicate 一式十份）

2. beneficiary's original signed commercial invoices at least in 8 copies issued in the name of the buyer indicating（showing/evidencing/specifying/declaration of）the merchandise，country of origin and any other relevant information 以买方的名义开具、注明商品名称、原产国及其他有关资料，并经签署的受益人的商业发票正本至少一式八份

3. signed attested invoice combined with certificate of origin and value in 6 copies as required for imports into Nigeria. 以签署的，连同产地证明和货物价值的，输入尼日利亚的联合发票一式六份

4. beneficiary must certify on the invoice…have been sent to the accountee 受益人须在发票上证明，已将……寄交开证人

5. 4% discount should be deducted from total amount of the commercial invoice 商业发票的总金额须扣除4%折扣

6. invoice must be showed：under A/P No. ... date of expiry 19th Jan. 2009 发票须表明：根据第……号购买证，到期日为 2009 年 1 月 19 日

7. documents in combined form are not acceptable 不接受联合单据

8. combined invoice is not acceptable 不接受联合发票

提单　**Bill of Loading**

1. full set shipping (company's) clean on board bill(s) of lading marked "Freight Prepaid" to order of shipper endorsed to … Bank, notifying buyers 全套装船（公司的）清洁已装船提单应注明"运费付讫"，作为以装船人指示为抬头、背书给……银行，通知买方

2. bills of lading made out in negotiable form 作成可议付形式的提单

3. clean shipped on board ocean bills of lading to order and endorsed in blank marked "Freight Prepaid" notify：importer(openers, accountee) 清洁已装船的提单空白抬头并空白背书，注明"运费付讫"，通知进口人（开证人）

4. full set of clean "on board" bills of lading/cargo receipt made out to our order/to order and endorsed in blank notify buyers M/S... Co. calling for shipment from China to Hamburg marked "Freight prepaid" / "Freight Payable at Destination" 全套清洁"已装船"提单/货运收据作成以我（行）为抬头/空白抬头，空白背书，通知买方……公司，要求货物自中国运往汉堡，注明"运费付讫"/"运费在目的港付"

5. bills of lading issued in the name of... 提单以……为抬头

6. bills of lading must be dated not before the date of this credit and not later than Aug. 15，2009 提单日期不得早于本证的日期，也

不得迟于 2009 年 8 月 15 日

7. bill of lading marked notify：buyer，"Freight Prepaid""Liner terms""received for shipment" B/L not acceptable 提单注明通知买方，"运费预付"按"班轮条件"，"备运提单"不接受

8. non-negotiable copy of bills of lading 不可议付的提单副本

原产地证　**Certificate of Origin**

1. certificate of origin of China showing 中国产地证明书；stating 证明；evidencing 列明；specifying 说明；indicating 表明；declaration of 声明

2. certificate of Chinese origin 中国产地证明书

3. certificate of origin shipment of goods of... origin prohibited 产地证，不允许装运……的产品

4. declaration of origin 产地证明书（产地声明）

5. certificate of origin separated 单独出具的产地证

6. certificate of origin "form A" "格式 A"产地证明书

7. genetalised system of preference certificate of origin form "A" 普惠制格式"A"产地证明书

附录二

ICC 跟单信用证统一惯例

《跟单信用证统一惯例(UCP600)》

Article 1 Application of UCP

第一条　统一惯例的适用范围

　　The Uniform Customs and Practice for Documentary Credits, 2007 Revision, ICC Publication no. 600 ("UCP") are rules that apply to any documentary credit ("credit") (including, to the extent to which they may be applicable, any standby letter of credit) when the text of the credit expressly indicates that it is subject to these rules. They are binding on all parties thereto unless expressly modified or excluded by the credit.

　　跟单信用证统一惯例,2007 年修订本,国际商会第 600 号出版物,适用于所有在正文中标明按本惯例办理的跟单信用证(包括本惯例适用范围内的备用信用证)。除非信用证中另有规定,本惯例对一切有关当事人均具有约束力。

Article 2 Definitions

第二条　定义

　　For the purpose of these rules:

就本惯例而言：

Advising bank means the bank that advises the credit at the request of the issuing bank.

通知行意指应开证行要求通知信用证的银行。

Applicant means the party on whose request the credit is issued.

申请人意指发出开立信用证申请的一方。

Banking day means a day on which a bank is regularly open at the place at which an act subject to these rules is to be performed.

银行日意指银行在其营业地正常营业，按照本惯例行事的行为得以在银行履行的日子。

Beneficiary means the party in whose favor a credit is issued.

受益人意指信用证中受益的一方。

Complying presentation means a presentation that is in accordance with the terms and conditions of the credit, the applicable provisions of these rules and international standard banking practice.

相符提示意指与信用证中的条款及条件、本惯例中所适用的规定及国际标准银行实务相一致的提示。

Confirmation means a definite undertaking of the confirming bank, in addition to that of the issuing bank, to honor or negotiate a complying presentation.

保兑意指保兑行在开证行之外对于相符提示做出兑付或议付的确定承诺。

Confirming bank means the bank that adds its confirmation to a credit upon the issuing bank's authorization or request.

保兑行意指应开证行的授权或请求对信用证加具保兑的银行。

Credit means any arrangement, however named or described, that is irrevocable and thereby constitutes a definite undertaking of the issuing bank to honor a complying presentation.

信用证意指一项约定,无论其如何命名或描述,该约定不可撤销并因此构成开证行对于相符提示予以兑付的确定承诺。

Honor means:

a. to pay at sight if the credit is available by sight payment.

b. to incur a deferred payment undertaking and pay at maturity if the credit is available by deferred payment.

c. to accept a bill of exchange ("draft") drawn by the beneficiary and pay at maturity if the credit is available by acceptance.

兑付意指:

a. 对于即期付款信用证即期付款。

b. 对于延期付款信用证发出延期付款承诺并到期付款。

c. 对于承兑信用证承兑由受益人出具的汇票并到期付款。

Issuing bank means the bank that issues a credit at the request of an applicant or on its own behalf.

开证行意指应申请人要求或代表其自身开立信用证的银行。

Negotiation means the purchase by the nominated bank of drafts (drawn on a bank other than the nominated bank) and/or documents under a complying presentation, by advancing or agreeing to advance funds to the beneficiary on or before the banking day on which reimbursement is due to the nominated bank.

议付意指被指定银行在其应获得偿付的银行日或在此之前,通过向受益人预付或者同意向受益人预付款项的方式购买相符提示项下的汇票(汇票付款人为被指定银行以外的银行)及/或单据。

Nominated bank means the bank with which the credit is available or any bank in the case of a credit available with any bank.

被指定银行意指有权使用信用证的银行,对于可供任何银行使用的信用证而言,任何银行均为被指定银行。

Presentation means either the delivery of documents under a credit to the issuing bank or nominated bank or the documents so delivered.

提示意指信用证项下单据被提交至开证行或被指定银行,抑或按此方式提交的单据。

Presenter means a beneficiary,bank or other party that makes a presentation.

提示人意指做出提示的受益人、银行或其他一方。

Article 3 Interpretations
第三条 释义

For the purpose of these rules:

就本惯例而言:

Where applicable, words in the singular include the plural and in the plural include the singular.

在适用的条款中,词汇的单复数同义。

A credit is irrevocable even if there is no indication to that effect.

信用证是不可撤销的,即使信用证中对此未作指示也是如此。

A document may be signed by handwriting, facsimile signature, perforated signature, stamp, symbol or any other mechanical or electronic method of authentication.

单据可以通过手签、签样印制、穿孔签字、盖章、符号表示的方式签署,也可以通过其他任何机械或电子证实的方法签署。

A requirement for a document to be legalized, certified or similar will be satisfied by any signature, mark, stamp or label on the document which appears to satisfy that requirement.

当信用证含有要求使单据合法、签证、证实或对单据有类似要求的条件时,这些条件可由在单据上签字、标注、盖章或标签来满足,只要单据表面已满足上述条件即可。

Branches of a bank in different countries are considered to be separate banks.

一家银行在不同国家设立的分支机构均视为另一家银行。

Terms such as "first class", "well known", "qualified", "independent", "official", "competent" or "local" used to describe the issuer of a document allow any issuer except the beneficiary to issue that document.

诸如"第一流"、"著名"、"合格"、"独立"、"正式"、"有资格"、"当地"等用语用于描述单据出单人的身份时,单据的出单人可以是除受益人以外的任何人 。

Unless required to be used in a document, words such as "prompt", "immediately" or "as soon as possible" will be disregarded.

除非确需在单据中使用,银行对诸如"迅速"、"立即"、"尽快"之类词语将不予置理。

The expression "on or about" or similar will be interpreted as a stipulation that an event is to occur during a period of five calendar days before until five calendar days after the specified date, both start and end dates included.

"于或约于"或类似措辞将被理解为一项约定,按此约定,某项事件将在所述日期前后各 5 天内发生,起讫日均包括在内。

The words "to", "until", "till", "from" and "between" when used to determine a period of shipment include the date or dates mentioned, and the words "before" and "after" exclude the date mentioned.

词语"×月×日止"(to)、"至×月×日"(until)、"直至×月×日"(till)、"从×月×日"(from)及"在×月×日至×月×日之间"(between)用于确定装运期限时,包括所述日期。词语"×月×日之前"(before)及"×月×日之后"(after)不包括所述日期。

The words "from" and "after" when used to determine a maturity date exclude the date mentioned.

词语"从×月×日"(from)以及"×月×日之后"(after)用于确定到期日时不包括所述日期。

The terms "first half" and "second half" of a month shall be construed respectively as the 1st to the 15th and the 16th to the last day of the month, all dates inclusive.

术语"上半月"和"下半月"应分别理解为自每月"1 日至 15 日"和"16 日至月末最后一天",包括起讫日期。

The terms "beginning", "middle" and "end" of a month shall be construed respectively as the 1st to the 10th, the 11th to the 20th and the 21st to the last day of the month, all dates inclusive.

术语"月初"、"月中"和"月末"应分别理解为每月 1 日至 10 日、11 日至 20 日和 21 日至月末最后一天,包括起讫日期。

Article 4 Credits v. Contracts

第四条 信用证与合同

a. A credit by its nature is a separate transaction from the sale or other contract on which it may be based. Banks are in no way concerned with or bound by such contract, even if any reference whatsoever to it is included in the credit. Consequently, the undertaking of a bank to honor, to negotiate or to fulfill any other obligation under the credit is not subject to claims or defenses by the applicant resulting from its relationships with the issuing bank or the beneficiary.

A beneficiary can in no case avail itself of the contractual relationships existing between banks or between the applicant and the issuing bank.

a. 就性质而言,信用证与可能作为其依据的销售合同或其他合同,是相互独立的交易。即使信用证中提及该合同,银行亦与该合同完全无关,且不受其约束。因此,一家银行作出兑付、议付或履行信用证项下其他义务的承诺,并不受申请人与开证行之间或与受益人之间在已有关系下产生的索偿或抗辩的制约。

受益人在任何情况下,不得利用银行之间或申请人与开证行之间的契约关系。

b. An issuing bank should discourage any attempt by the applicant to include, as an integral part of the credit, copies of the underlying contract, proforma invoice and the like.

b. 开证行应劝阻申请人将基础合同、形式发票或其他类似文件的副本作为信用证整体组成部分的做法。

Article 5 Documents v. Goods, Services or Performance
第五条 单据与货物/服务/行为

Banks deal with documents and not with goods, services or performance to which the documents may relate .

银行处理的是单据,而不是单据所涉及的货物、服务或其他行为。

Article 6 Availability, Expiry Date and Place for Presentation
第六条 有效性、有效期限及提示地点

a. A credit must state the bank with which it is available or whether it is available with any bank. A credit available with a nomi-nated bank is also available with the issuing bank.

a. 信用证必须规定可以有效使用信用证的银行，或者信用证是否对任何银行均为有效。对于被指定银行有效的信用证同样也对开证行有效。

b. A credit must state whether it is available by sight payment，deferred payment，acceptance or negotiation.

b. 信用证必须规定它是否适用于即期付款、延期付款、承兑抑或议付。

c. A credit must not be issued available by a draft drawn on the applicant.

c. 不得开立包含有以申请人为汇票付款人条款的信用证。

d. i. A credit must state an expiry date for presentation. An ex-piry date stated for honor or negotiation will be deemed to be an expi-ry date for presentation.

d. i 信用证必须规定提示单据的有效期限。规定的用于兑付或者议付的有效期限将被认为是提示单据的有效期限。

ii. The place of the bank with which the credit is available is the place for presentation. The place for presentation under a credit avail-able with any bank is that of any bank. A place for presentation other than that of the issuing bank is in addition to the place of the issuing bank.

ii. 可以有效使用信用证的银行所在的地点是提示单据的地点。对任何银行均为有效的信用证项下单据提示的地点是任何银行所在的地点。不同于开证行地点的提示单据的地点是开证行地点之外提交单据的地点。

e. Except as provided in sub－article 29（a），a presentation by or on behalf of the beneficiary must be made on or before the expiry date.

e. 除非如 29(a)中规定,由受益人或代表受益人提示的单据必须在到期日当日或在此之前提交。

Article 7 Issuing Bank Undertaking
第七条 开证行的承诺

a. Provided that the stipulated documents are presented to the nominated bank or to the issuing bank and that they constitute a complying presentation, the issuing bank must honor if the credit is available by:

倘若规定的单据被提交至被指定银行或开证行并构成相符提示,开证行必须按下述信用证所适用的情形予以兑付:

i. sight payment, deferred payment or acceptance with the issuing bank;

i. 由开证行即期付款、延期付款或者承兑;

ii. Sight payment with a nominated bank and that nominated bank does not pay;

ii. 由被指定银行即期付款而该被指定银行未予付款;

iii. deferred payment with a nominated bank and that nominated bank does not incur its deferred payment undertaking or, having incurred its deferred payment undertaking, does not pay at maturity;

iii. 由被指定银行延期付款而该被指定银行未承担其延期付款承诺,或者虽已承担延期付款承诺但到期未予付款;

iv. Acceptance with a nominated bank and that nominated bank does not accept a draft drawn on it or, having accepted a draft drawn on it, does not pay at maturity;

iv. 由被指定银行承兑而该被指定银行未予承兑以其为付款人的汇票，或者虽已承兑以其为付款人的汇票但到期未予付款；

v. negotiation with a nominated bank and that nominated bank does not negotiate.

v. 由被指定银行议付而该被指定银行未予议付。

b. An issuing bank is irrevocably bound to honor as of the time it issues the credit.

b. 自信用证开立之时起，开证行即不可撤销地受到兑付责任的约束。

c. An issuing bank undertakes to reimburse a nominated bank that has honored or negotiated a complying presentation and forwarded the documents to the issuing bank. Reimbursement for the amount of a complying presentation under a credit available by acceptance or deferred payment is due at maturity, whether or not the nominated bank prepaid or purchased before maturity. An issuing bank's undertaking to reimburse a nominated bank is independent of the issuing bank's undertaking to the beneficiary.

c. 开证行保证向对于相符提示已经予以兑付或者议付并将单据寄往开证行的被指定银行进行偿付。无论被指定银行是否于到期日前已经对相符提示予以预付或者购买，对于承兑或延期付款信用证项下相符提示的金额的偿付于到期日进行。开证行偿付被指定银行的承诺独立于开证行对于受益人的承诺。

Article 8 Confirming Bank Undertaking
第八条　保兑行的承诺

a. Provided that the stipulated documents are presented to the confirming bank or to any other nominated bank and that they constitute a complying presentation, the confirming bank must：

a. 倘若规定的单据被提交至保兑行或者任何其他被指定银行并构成相符提示，保兑行必须：

i. honor, if the credit is available by：

i. 兑付，如果信用证适用于：

a. sight payment, deferred payment or acceptance with the confirming bank;

a. 由保兑行即期付款、延期付款或者承兑；

b. sight payment with another nominated bank and that nominated bank does not pay;

b. 由另一家被指定银行即期付款而该被指定银行未予付款；

c. deferred payment with another nominated bank and that nominated bank does not incur its deferred payment undertaking or, having incurred its deferred payment undertaking, does not pay at maturity;

c. 由另一家被指定银行延期付款而该被指定银行未承担其延期付款承诺，或者虽已承担延期付款承诺但到期未予付款；

d. acceptance with another nominated bank and that nominated bank does not accept a draft drawn on it or, having accepted a draft drawn on it, does not pay at maturity;

d. 由另一家被指定银行承兑而该被指定银行未予承兑以其为付款人的汇票，或者虽已承兑以其为付款人的汇票但到期未予付款；

e. negotiation with another nominated bank and that nominated bank does not negotiate.

e. 由另一家被指定银行议付而该被指定银行未予议付。

ii. negotiate, without recourse 无追索权, if the credit is available by negotiation with the confirming bank.

ii. 若信用证由保兑行议付,无追索权地议付。

b. A confirming bank is irrevocably bound to honor or negotiate as of the time it adds its confirmation to the credit.

b. 自为信用证加具保兑之时起,保兑行即不可撤销地受到兑付或者议付责任的约束。

c. A confirming bank undertakes to reimburse another nominated bank that has honored or negotiated a complying presentation and forwarded the documents to the confirming bank. Reimbursement for the amount of a complying presentation under a credit available by acceptance or deferred payment is due at maturity, whether or not another nominated bank prepaid or purchased before maturity. A confirming bank's undertaking to reimburse another nominated bank is independent of the confirming bank's undertaking to the beneficiary.

c. 保兑行保证向对于相符提示已经予以兑付或者议付并将单据寄往开证行的另一家被指定银行进行偿付。无论另一家被指定银行是否于到期日前已经对相符提示予以预付或者购买,对于承兑或延期付款信用证项下相符提示的金额的偿付于到期日进行。保兑行偿付另一家被指定银行的承诺独立于保兑行对于受益人的承诺。

d. If a bank is authorized or requested by the issuing bank to confirm a credit but is not prepared to do so, it must inform the issuing bank without delay and may advise the credit without confirmation.

d. 如开证行授权或要求另一家银行对信用证加具保兑,而该银行不准备照办时,它必须不延误地告知开证行并仍可通知此份未经加具保兑的信用证。

Article 9 Advising of Credits and Amendments

第九条　信用证及修改的通知

a. A credit and any amendment may be advised to a beneficiary through an advising bank. An advising bank that is not a confirming bank advises the credit and any amendment without any undertaking to honor or negotiate.

a. 信用证及其修改可以通过通知行通知受益人。除非已对信用证加具保兑,通知行通知信用证不构成兑付或议付的承诺。

b. By advising the credit or amendment, the advising bank signifies that it has satisfied itself as to the apparent authenticity of the credit or amendment and that the advice accurately reflects the terms and conditions of the credit or amendment received.

b. 通过通知信用证或修改,通知行即表明其认为信用证或修改的表面真实性得到满足,且通知准确地反映了所收到的信用证或修改的条款及条件。

c. An advising bank may utilize the services of another bank ("second advising bank") to advise the credit and any amendment to the beneficiary. By advising the credit or amendment, the second advising bank signifies that it has satisfied itself as to the apparent authenticity of the advice it has received and that the advice accurately reflects the terms and conditions of the credit or amendment received.

c. 通知行可以利用另一家银行的服务("第二通知行")向受益人通知信用证及其修改。通过通知信用证或修改,第二通知行即表明其认为所收到的通知的表面真实性得到满足,且通知准确地反映了所收到的信用证或修改的条款及条件。

d. A bank utilizing the services of an advising bank or second advising bank to advise a credit must use the same bank to advise any amendment thereto.

d. 如一家银行利用另一家通知行或第二通知行的服务将信用证通知给受益人，它也必须利用同一家银行的服务通知修改书。

e. If a bank is requested to advise a credit or amendment but elects not to do so, it must so inform, without delay, the bank from which the credit, amendment or advice has been received.

e. 如果一家银行被要求通知信用证或修改但决定不予通知，它必须不延误通知向其发送信用证、修改或通知的银行。

f. If a bank is requested to advise a credit or amendment but cannot satisfy itself as to the apparent authenticity of the credit, the amendment or the advice, it must so inform, without delay, the bank from which the instructions appear to have been received. If the advising bank or second advising bank elects nonetheless to advise the credit or amendment, it must inform the beneficiary or second advising bank that it has not been able to satisfy itself as to the apparent authenticity of the credit, the amendment or the advice.

f. 如果一家被要求通知信用证或修改，但不能确定信用证、修改或通知的表面真实性，就必须不延误地告知向其发出该指示的银行。如果通知行或第二通知行仍决定通知信用证或修改，则必须告知受益人或第二通知行其未能核实信用证、修改或通知的表面真实性。

Article 10 Amendments
第十条　修改

a. Except as otherwise provided by article 38, a credit can neither be amended nor cancelled without the agreement of the issuing bank, the confirming bank, if any, and the beneficiary.

a. 除本惯例第 38 条另有规定外，凡未经开证行、保兑行（如有）以及受益人同意，信用证既不能修改也不能撤销。

b. An issuing bank is irrevocably bound by an amendment as of the time it issues the amendment. A confirming bank may extend its confirmation to an amendment and will be irrevocably bound as of the time it advises the amendment. A confirming bank may, however, choose to advise an amendment without extending its confirmation and, if so, it must inform the issuing bank without delay and inform the beneficiary in its advice.

b. 自发出信用证修改书之时起,开证行就不可撤销地受其发出修改的约束。保兑行可将其保兑承诺扩展至修改内容,且自其通知该修改之时起,即不可撤销地受到该修改的约束。然而,保兑行可选择仅将修改通知受益人而不对其加具保兑,但必须不延误地将此情况通知开证行和受益人。

c. The terms and conditions of the original credit (or a credit incorporating previously accepted amendments) will remain in force for the beneficiary until the beneficiary communicates its acceptance of the amendment to the bank that advised such amendment. The beneficiary should give notification of acceptance or rejection of an amendment. If the beneficiary fails to give such notification, a presentation that complies with the credit and to any not yet accepted amendment will be deemed to be notification of acceptance by the beneficiary of such amendment. As of that moment the credit will be amended.

c. 在受益人向通知修改的银行表示接受该修改内容之前,原信用证(或包含先前已被接受修改的信用证)的条款和条件对受益人仍然有效。受益人应发出接受或拒绝接受修改的通知。如受益人未提供上述通知,当其提交至被指定银行或开证行的单据与信用证以及尚未表示接受的修改的要求一致时,则该事实即视为受益人已作出接受修改的通知,并从此时起,该信用证已被修改。

d. A bank that advises an amendment should inform the bank from which it received the amendment of any notification of acceptance or rejection.

d. 通知修改的银行应当通知向其发出修改书的银行任何有关接受或拒绝接受修改的通知。

e. Partial acceptance of an amendment is not allowed and will be deemed to be notification of rejection of the amendment.

e. 不允许部分接受修改,部分接受修改将被视为拒绝接受修改的通知。

f. A provision in an amendment to the effect that the amendment shall enter into force unless rejected by the beneficiary within a certain time shall be disregarded.

f. 修改书中作出的除非受益人在某一时间内拒绝接受修改,否则修改将开始生效的条款将被不予置理。

Article 11 Teletransmitted and Pre－Advised Credits and Amendments

第十一条 电讯传递与预先通知的信用证和修改

a. An authenticated teletransmission of a credit or amendment will be deemed to be the operative credit or amendment, and any subsequent mail confirmation shall be disregarded.

If a teletransmission states "full details to follow" (or words of similar effect), or states that the mail confirmation is to be the operative credit or amendment, then the teletransmission will not be deemed to be the operative credit or amendment. The issuing bank must then issue the operative credit or amendment without delay in terms not inconsistent with the teletransmission.

a. 经证实的信用证或修改的电讯文件将被视为有效的信用证或修改，任何随后的邮寄证实书将被不予置理。

若该电讯文件声明"详情后告"（或类似词语）或声明随后寄出的邮寄证实书将是有效的信用证或修改，则该电讯文件将被视为无效的信用证或修改。开证行必须随即不延误地开出有效的信用证或修改，且条款不能与电讯文件相矛盾。

b. A preliminary advice of the issuance of a credit or amendment ("pre_advice") shall only be sent if the issuing bank is prepared to issue the operative credit or amendment. An issuing bank that sends a pre_advice is irrevocably committed to issue the operative credit or amendment，without delay，in terms not inconsistent with the pre_advice.

b. 只有准备开立有效信用证或修改的开证行，才可以发出开立信用证或修改预先通知书。发出预先通知的开证行应不可撤销地承诺将不延误地开出有效的信用证或修改，且条款不能与预先通知书相矛盾。

Article 12 Nomination

第十二条　指定

a. Unless a nominated bank is the confirming bank, an authorization to honor or negotiate does not impose any obligation on that nominated bank to honor or negotiate，except when expressly agreed to by that nominated bank and so communicated to the beneficiary.

a. 除非一家被指定银行是保兑行，对被指定银行进行兑付或议付的授权并不构成其必须兑付或议付的义务，被指定银行明确同意并照此通知受益人的情形除外。

b. By nominating a bank to accept a draft or incur a deferred payment undertaking，an issuing bank authorizes that nominated bank to prepay or purchase a draft accepted or a deferred payment undertaking incurred by that nominated bank.

b. 通过指定一家银行承兑汇票或承担延期付款承诺,开证行即授权该被指定银行预付或购买经其承兑的汇票或由其承担延期付款的承诺。

c. Receipt or examination and forwarding of documents by a nominated bank that is not a confirming bank does not make that nominated bank liable to honor or negotiate，nor does it constitute honor or negotiation.

c. 非保兑行身份的被指定银行接受、审核并寄送单据的行为既不使得该被指定银行具有兑付或议付的义务,也不构成兑付或议付。

Article 13 Bank_to_Bank Reimbursement Arrangements
第十三条　银行间偿付约定

a. If a credit states that reimbursement is to be obtained by a nominated bank ("claiming bank") claiming on another party ("reimbursing bank")，the credit must state if the reimbursement is subject to the ICC rules for bank_to_bank reimbursements in effect on the date of issuance of the credit.

a. 如果信用证规定被指定银行("索偿行")须通过向另一方银行("偿付行")索偿获得偿付,则信用证中必须声明是否按照信用证开立日正在生效的国际商会《银行间偿付规则》办理。

b. If a credit does not state that reimbursement is subject to the ICC rules for bank_to_bank reimbursements, the following apply：

b. 如果信用证中未声明是否按照国际商会《银行间偿付规则》办理,则适用于下列条款:

i. An issuing bank must provide a reimbursing bank with a reimbursement authorization that conforms with the availability stated in the credit. The reimbursement authorization should not be subject to an expiry date.

i. 开证行必须向偿付行提供偿付授权书,该授权书须与信用证中声明的有效性一致。偿付授权书不应规定有效日期。

ii. A claiming bank shall not be required to supply a reimbursing bank with a certificate of compliance with the terms and conditions of the credit.

ii. 不应要求索偿行向偿付行提供证实单据与信用证条款及条件相符的证明。

iii. An issuing bank will be responsible for any loss of interest, together with any expenses incurred, if reimbursement is not provided on first demand by a reimbursing bank in accordance with the terms and conditions of the credit.

iii. 如果偿付行未能按照信用证的条款及条件在首次索偿时即行偿付,则开证行应对索偿行的利息损失以及产生的费用负责。

iv. A reimbursing bank's charges are for the account of the issuing bank. However, if the charges are for the account of the beneficiary, it is the responsibility of an issuing bank to so indicate in the credit and in the reimbursement authorization. If a reimbursing bank's charges are for the account of the beneficiary, they shall be deducted from the amount due to a claiming bank when reimbursement is made. If no reimbursement is made, the reimbursing bank's charges remain the obligation of the issuing bank.

iv. 偿付行的费用应由开证行承担。然而,如果费用系由受益人承担,则开证行有责任在信用证和偿付授权书中予以注明。如偿付行的费用系由受益人承担,则该费用应在偿付时从支付索偿行的金额中扣除。如果未发生偿付,开证行仍有义务承担偿付行的费用。

c. An issuing bank is not relieved of any of its obligations to provide reimbursement if reimbursement is not made by a reimbursing bank on first demand.

c. 如果偿付行未能于首次索偿时即行偿付,则开证行不能解除其自身的偿付责任。

Article 14 Standard for Examination of Documents
第十四条　审核单据的标准

a. A nominated bank acting on its nomination，a confirming bank，if any，and the issuing bank must examine a presentation to determine，on the basis of the documents alone，whether or not the documents appear on their face to constitute a complying presentation.

a. 按照指定行事的被指定银行、保兑行(如有)以及开证行必须对提示的单据进行审核,并仅以单据为基础,以决定单据在表面上看来是否构成相符提示。

b. A nominated bank acting on its nomination，a confirming bank，if any，and the issuing bank shall each have a maximum of five banking days following the day of presentation to determine if a presentation is complying. This period is not curtailed or otherwise affected by the occurrence on or after the date of presentation of any expiry date or last day for presentation.

b. 按照指定行事的被指定银行、保兑行(如有)以及开证行,自其收到提示单据的翌日起算,应各自拥有最多不超过 5 个银行工作日的时间以决定提示是否相符。该期限不因单据提示日适逢信用证有效期或最迟提示期或在其之后而被缩减或受到其他影响。

c. A presentation including one or more original transport documents subject to articles 19，20，21，22，23，24 or 25 must be made by or on behalf of the beneficiary not later than 21 calendar days after the date of shipment as described in these rules，but in any event not later than the expiry date of the credit.

c. 提示若包含一份或多份按照本惯例第 19 条、20 条、21 条、22 条、23 条、24 条或 25 条出具的正本运输单据，则必须由受益人或其代表按照相关条款在不迟于装运日后的 21 个公历日内提交，但无论如何不得迟于信用证的到期日。

d. Data in a document，when read in context with the credit，the document itself and international standard banking practice，need not be identical to，but must not conflict with，data in that document，any other stipulated document or the credit.

d. 单据中内容的描述不必与信用证、信用证对该项单据的描述以及国际标准银行实务完全一致，但不得与该项单据中的内容、其他规定的单据或信用证相冲突。

e. In documents other than the commercial invoice，the description of the goods，services or performance，if stated，may be in general terms not conflicting with their description in the credit.

e. 除商业发票外，其他单据中的货物、服务或行为描述若须规定，可使用统称，但不得与信用证规定的描述相矛盾。

f. If a credit requires presentation of a document other than a transport document，insurance document or commercial invoice，without stipulating by whom the document is to be issued or its data content，banks will accept the document as presented if its content appears to fulfill the function of the required document and otherwise complies with sub_article 14 (d).

f. 如果信用证要求提示运输单据、保险单据和商业发票以外的单据,但未规定该单据由何人出具或单据的内容。如信用证对此未做规定,只要所提交单据的内容看来满足其功能需要且其他方面与十四条(d)款相符,银行将对提示的单据予以接受。

g. A document presented but not required by the credit will be disregarded and may be returned to the presenter.

g. 提示信用证中未要求提交的单据,银行将不予置理。如果收到此类单据,可以退还提示人。

h. If a credit contains a condition without stipulating the document to indicate compliance with the condition, banks will deem such condition as not stated and will disregard it.

h. 如果信用证中包含某项条件而未规定需提交与之相符的单据,银行将认为未列明此条件,并对此不予置理。

i. A document may be dated prior to the issuance date of the credit, but must not be dated later than its date of presentation.

i. 单据的出单日期可以早于信用证开立日期,但不得迟于信用证规定的提示日期。

j. When the addresses of the beneficiary and the applicant appear in any stipulated document, they need not be the same as those stated in the credit or in any other stipulated document, but must be within the same country as the respective addresses mentioned in the credit. Contact details (telefax, telephone, email and the like) stated as part of the beneficiary's and the applicant's address will be disregarded. However, when the address and contact details of the applicant appear as part of the consignee or notify party details on a transport document subject to articles 19, 20, 21, 22, 23, 24 or 25, they must be as stated in the credit.

j. 当受益人和申请人的地址显示在任何规定的单据上时,不必与信用证或其他规定单据中显示的地址相同,但必须与信用证中述及的各自地址处于同一国家内。用于联系的资料(电传、电话、电子邮箱及类似方式)如作为受益人和申请人地址的组成部分将被不予置理。然而,当申请人的地址及联系信息作为按照 19 条、20 条、21 条、22 条、23 条、24 条或 25 条出具的运输单据中收货人或通知方详址的组成部分时,则必须按照信用证规定予以显示。

k. The shipper or consignor of the goods indicated on any document need not be the beneficiary of the credit.

k. 显示在任何单据中的货物的托运人或发货人不必是信用证的受益人。

l. A transport document may be issued by any party other than a carrier, owner, master or charterer provided that the transport document meets the requirements of articles 19, 20, 21, 22, 23 or 24 of these rules.

l. 假如运输单据能够满足本惯例第 19 条、20 条、21 条、22 条、23 条或 24 条的要求,则运输单据可以由承运人、船东、船长或租船人以外的任何一方出具。

Article 15 Complying Presentation
第十五条　相符提示

a. When an issuing bank determines that a presentation is complying, it must honor.

a. 当开证行确定提示相符时,就必须予以兑付。

b. When a confirming bank determines that a presentation is complying, it must honor or negotiate and forward the documents to the issuing bank.

b. 当保兑行确定提示相符时,就必须予以兑付或议付并将单据寄往开证行。

c. When a nominated bank determines that a presentation is complying and honors or negotiates, it must forward the documents to the confirming bank or issuing bank.

c. 当被指定银行确定提示相符并予以兑付或议付时,必须将单据寄往保兑行或开证行。

Article 16 Discrepant Documents, Waiver and Notice
第十六条　不符单据及不符点的放弃与通知

a. When a nominated bank acting on its nomination, a confirming bank, if any, or the issuing bank determines that a presentation does not comply, it may refuse to honor or negotiate.

a. 当按照指定行事的被指定银行、保兑行(如有)或开证行确定提示不符时,可以拒绝兑付或议付。

b. When an issuing bank determines that a presentation does not comply, it may in its sole judgment approach the applicant for a waiver of the discrepancies. This does not, however, extend the period mentioned in sub_article 14 (b).

b. 当开证行确定提示不符时,可以依据其独立的判断联系申请人放弃有关不符点。然而,这并不因此延长 14 条(b)款中述及的期限。

c. When a nominated bank acting on its nomination, a confirming bank, if any, or the issuing bank decides to refuse to honor or negotiate, it must give a single notice to that effect to the presenter.

c. 当按照指定行事的被指定银行、保兑行(如有)或开证行决定拒绝兑付或议付时，必须一次性通知提示人。

The notice must state：

通知必须声明：

i. that the bank is refusing to honor or negotiate；and

i. 银行拒绝兑付或议付；及

ii. each discrepancy in respect of which the bank refuses to honor or negotiate；and

ii. 银行凭以拒绝兑付或议付的各个不符点；及

iii. a) that the bank is holding the documents pending further instructions from the presenter；or

iii. a) 银行持有单据等候提示人进一步指示；或

b) that the issuing bank is holding the documents until it receives a waiver from the applicant and agrees to accept it，or receives further instructions from the presenter prior to agreeing to accept a waiver；or

b) 开证行持有单据直至收到申请人通知弃权并同意接受该弃权，或在同意接受弃权前从提示人处收到进一步指示；或

c) that the bank is returning the documents；or

c) 银行退回单据；或

d) that the bank is acting in accordance with instructions previously received from the presenter.

d) 银行按照先前从提示人处收到的指示行事。

d. The notice required in sub_article 16 (c) must be given by telecommunication or，if that is not possible，by other expeditious means no later than the close of the fifth banking day following the day of presentation.

d. 第十六条(c)款中要求的通知必须以电讯方式发出，或者，如

外贸单证实务

果不可能以电讯方式通知时,则以其他快捷方式通知,但不得迟于提示单据日期翌日起第五个银行工作日终了。

e. A nominated bank acting on its nomination, a confirming bank, if any, or the issuing bank may, after providing notice required by sub—article 16 (c) (iii) (a) or (b), return the documents to the presenter at any time.

e. 按照指定行事的被指定银行、保兑行(如有)或开证行可以在提供第十六条(c)款(iii)、(a)款或(b)款要求提供的通知后,于任何时间将单据退还提示人。

f. If an issuing bank or a confirming bank fails to act in accordance with the provisions of this article, it shall be precluded from claiming that the documents do not constitute a complying presentation.

f. 如果开证行或保兑行未能按照本条款的规定行事,将无权宣称单据未能构成相符提示。

g. When an issuing bank refuses to honor or a confirming bank refuses to honor or negotiate and has given notice to that effect in accordance with this article, it shall then be entitled to claim a refund, with interest, of any reimbursement made.

g. 当开证行拒绝兑付或保兑行拒绝兑付或议付,并已经按照本条款发出通知时,该银行将有权就已经履行的偿付索取退款及其利息。

Article 17 Original Documents and Copies
第十七条 正本单据和副本单据

a. At least one original of each document stipulated in the credit must be presented.

a. 信用证中规定的各种单据必须至少提供一份正本。

b. A bank shall treat as an original any document bearing an apparently original signature, mark, stamp, or label of the issuer of the document, unless the document itself indicates that it is not an original.

b. 除非单据本身表明其不是正本，银行将视任何单据表面上具有单据出具人正本签字、标志、图章或标签的单据为正本单据。

c. Unless a document indicates otherwise 另外的, a bank will also accept a document as original if it：

c. 除非单据另有显示，银行将接受单据作为正本单据如果该单据：

i. appears to be written, typed, perforated or stamped by the document issuer's hand; or

i. 表面看来由单据出具人手工书写、打字、穿孔签字或盖章；或

ii. appears to be on the document issuer's original stationery; or

ii. 表面看来使用单据出具人的正本信笺；或

iii. states that it is original, unless the statement appears not to apply to the document presented.

iii. 声明单据为正本，除非该项声明表面看来与所提示的单据不符。

d. If a credit requires presentation of copies of documents, presentation of either originals or copies is permitted.

d. 如果信用证要求提交副本单据，则提交正本单据或副本单据均可。

e. If a credit requires presentation of multiple documents by using terms such as "in duplicate", "in two fold" or "in two copies", this will be satisfied by the presentation of at least one original and the remaining number in copies, except when the document itself indicates otherwise.

e. 如果信用证使用诸如"一式两份"、"两张"、"两份"等术语要求提交多份单据,则可以提交至少一份正本,其余份数以副本来满足。但单据本身另有相反指示者除外。

Article 18 Commercial Invoice

第十八条　商业发票

a. A commercial invoice:

a. 商业发票:

i. must appear to have been issued by the beneficiary (except as provided in article 38).

i. 必须在表面上看来系由受益人出具(第三十八条另有规定者除外)。

ii. must be made out in the name of the applicant [except as provided in sub-article 38 (g)],

ii. 必须做成以申请人的名称为抬头[第三十八条(g)款另有规定者除外]。

iii. must be made out in the same currency as the credit; and

iii. 必须将发票币别作成与信用证相同币种。

iv. need not be signed.

iv. 无须签字。

b. A nominated bank acting on its nomination, a confirming bank, if any, or the issuing bank may accept a commercial invoice issued for an amount in excess of the amount permitted by the credit, and its decision will be binding upon all parties, provided the bank in question has not honoured or negotiated for an amount in excess of that permitted by the credit.

b. 按照指定行事的被指定银行、保兑行（如有）或开证行可以接受金额超过信用证所允许金额的商业发票,倘若有关银行已兑付或已议付的金额没有超过信用证所允许的金额,则该银行的决定对各有关方均具有约束力。

c. The description of the goods, services or performance in a commercial invoice must correspond with that appearing in the credit.

c. 商业发票中货物、服务或行为的描述必须与信用证中显示的内容相符。

Article 19 Transport Document Covering at Least Two Different Modes of Transport

第十九条 至少包括两种不同运输方式的运输单据

a. A transport document covering at least two different modes of transport (multimodal or combined transport document), however named, must appear to:

a. 至少包括两种不同运输方式的运输单据(即多式运输单据或联合运输单据),不论其称谓如何,必须在表明上看来:

i. indicate the name of the carrier and be signed by:

i. 显示承运人名称并由下列人员签署:

• the carrier or a named agent for or on behalf of the carrier, or
 承运人或承运人的具名代理或代表,或

• the master or a named agent for or on behalf of the master.
 船长或船长的具名代理或代表。

Any signature by the carrier, master or agent must be identified as that of the carrier, master or agent.

承运人、船长或代理的任何签字必须分别表明承运人、船长或代理的身份。

Any signature by an agent must indicate whether the agent has signed for or on behalf of the carrier or for or on behalf of the master.

代理的签字必须显示其是否作为承运人或船长的代理或代表签署提单。

ii. indicate that the goods have been dispatched, taken in charge or shipped on board at the place stated in the credit, by:

ii. 通过下述方式表明货物已在信用证规定的地点发运、接受监管或装载

• pre_printed wording, or

预先印就的措词,或

• a stamp or notation indicating the date on which the goods have been dispatched, taken in charge or shipped on board.

注明货物已发运、接受监管或装载日期的图章或批注。

The date of issuance of the transport document will be deemed to be the date of dispatch, taking in charge or shipped on board, and the date of shipment. However, if the transport document indicates, by stamp or notation, a date of dispatch, taking in charge or shipped on board, this date will be deemed to be the date of shipment.

运输单据的出具日期将被视为发运、接受监管或装载以及装运日期。然而,如果运输单据以盖章或批注方式标明发运、接受监管或装载日期,则此日期将被视为装运日期。

iii. indicate the place of dispatch, taking in charge or shipment and the place of final destination stated in the credit, even if:

iii. 显示信用证中规定的发运、接受监管或装载地点以及最终目的地的地点,即使:

a. the transport document states, in addition, a different place of dispatch, taking in charge or shipment or place of final destination, or

　　a. 运输单据另外显示了不同的发运、接受监管或装载地点或最终目的地的地点,或

　　b. the transport document contains the indication "intended" or similar qualification in relation to the vessel, port of loading or port of discharge.

　　b. 运输单据包含"预期"或类似限定有关船只、装货港或卸货港的指示。

　　iv. be the sole original transport document or, if issued in more than one original, be the full set as indicated on the transport document.

　　iv. 系仅有的一份正本运输单据,或者,如果出具了多份正本运输单据,应是运输单据中显示的全套正本份数。

　　v. contain terms and conditions of carriage or make reference to another source containing the terms and conditions of carriage (short form or blank back transport document). Contents of terms and conditions of carriage will not be examined.

　　v. 包含承运条件须参阅包含承运条件条款及条件的某一出处(简式或背面空白的运输单据)者,银行对此类承运条件的条款及条件内容不予审核。

　　vi. contain no indication that it is subject to a charter party.

　　vi. 未注明运输单据受租船合约约束。

　　b. For the purpose of this article, transhipment means unloading from one means of conveyance and reloading to another means of conveyance (whether or not in different modes of transport) during the carriage from the place of dispatch, taking in charge or shipment to the place of final destination stated in the credit.

b. 就本条款而言,转运意指货物在信用证中规定的发运、接受监管或装载地点到最终目的地的运输过程中,从一个运输工具卸下并重新装载到另一个运输工具上(无论是否为不同运输方式)的运输。

c. i. A transport document may indicate that the goods will or may be transhipped provided that the entire carriage is covered by one and the same transport document.

c. i. 只要同一运输单据包括运输全程,则运输单据可以注明货物将被转运或可被转运。

ii. A transport document indicating that transhipment will or may take place is acceptable, even if the credit prohibits transhipment.

ii. 即使信用证禁止转运,银行也将接受注明转运将发生或可能发生的运输单据。

Article 20 Bill of Lading
第二十条　提单

a. A bill of lading, however named, must appear to:

a. 无论其称谓如何,提单必须表面上看来:

i. indicate the name of the carrier and be signed by:

i. 显示承运人名称并由下列人员签署:

• the carrier or a named agent for or on behalf of the carrier, or
承运人或承运人的具名代理或代表,或

• the master or a named agent for or on behalf of the master.
船长或船长的具名代理或代表。

Any signature by the carrier, master or agent must be identified as that of the carrier, master or agent.

承运人、船长或代理的任何签字必须分别表明其承运人、船长或代理的身份。

Any signature by an agent must indicate whether the agent has signed for or on behalf of the carrier or for or on behalf of the master.

代理的签字必须显示其是否作为承运人或船长的代理或代表签署提单。

ii. indicate that the goods have been shipped on board a named vessel at the port of loading stated in the credit by：

ii. 通过下述方式表明货物已在信用证规定的装运港装载上具名船只：

• pre_printed wording, or

预先印就的措词,或

• an on board notation indicating the date on which the goods have been shipped on board.

注明货物已装船日期的装船批注。

The date of issuance of the bill of lading will be deemed to be the date of shipment unless the bill of lading contains an on board notation indicating the date of shipment, in which case the date stated in the on board notation will be deemed to be the date of shipment.

提单的出具日期将被视为装运日期,除非提单包含注明装运日期的装船批注,在此情况下,装船批注中显示的日期将被视为装运日期。

If the bill of lading contains the indication "intended vessel" or similar qualification in relation to the name of the vessel, an on board notation indicating the date of shipment and the name of the actual vessel is required.

如果提单包含"预期船"字样或类似有关限定船只的词语时,装上具名船只必须由注明装运日期以及实际装运船只名称的装船批注来证实。

iii. indicate shipment from the port of loading to the port of discharge stated in the credit.

iii. 注明装运从信用证中规定的装货港至卸货港。

If the bill of lading does not indicate the port of loading stated in the credit as the port of loading，or if it contains the indication "intended" or similar qualification in relation to the port of loading，an on board notation indicating the port of loading as stated in the credit，the date of shipment and the name of the vessel is required. This provision applies even when loading on board or shipment on a named vessel is indicated by pre—printed wording on the bill of lading.

如果提单未注明以信用证中规定的装货港作为装货港，或包含"预期"或类似有关限定装货港的标注者，则需要提供注明信用证中规定的装货港、装运日期以及船名的装船批注。即使提单上已注明印就的"已装船"或"已装具名船只"措词，本规定仍然适用。

iv. be the sole original bill of lading or，if issued in more than one original，be the full set as indicated on the bill of lading.

iv. 系仅有的一份正本提单，或者，如果出具了多份正本，应是提单中显示的全套正本份数。

v. contain terms and conditions of carriage or make reference to another source containing the terms and conditions of carriage（short form or blank back bill of lading）. Contents of terms and conditions of carriage will not be examined.

v. 包含承运条件须参阅包含承运条件条款及条件的某一出处（简式或背面空白的提单）者，银行对此类承运条件的条款及条件内容不予审核。

vi. contain no indication that it is subject to a charter party.

vi. 未注明运输单据受租船合约约束。

b. For the purpose of this article, transhipment means unloading from one vessel and reloading to another vessel during the carriage from the port of loading to the port of discharge stated in the credit.

b. 就本条款而言,转运意指在信用证规定的装货港到卸货港之间的海运过程中,将货物由一艘船卸下再装上另一艘船的运输。

c. i. A bill of lading may indicate that the goods will or may be transhipped provided that the entire carriage is covered by one and the same bill of lading.

c. i. 只要同一提单包括运输全程,则提单可以注明货物将被转运或可被转运。

ii. A bill of lading indicating that transhipment will or may take place is acceptable, even if the credit prohibits transhipment, if the goods have been shipped in a container, trailer or LASH barge as evidenced by the bill of lading.

ii. 银行可以接受注明将要发生或可能发生转运的提单。即使信用证禁止转运,只要提单上证实有关货物已由集装箱、拖车或子母船运输,银行仍可接受注明将要发生或可能发生转运的提单。

d. Clauses in a bill of lading stating that the carrier reserves the right to tranship will be disregarded.

d. 对于提单中包含的声明承运人保留转运权利的条款,银行将不予置理。

Article 21 Non_Negotiable Sea Waybill
第二十一条 非转让海运单

a. A non_negotiable sea waybill, however named, must appear to:

a. 无论其称谓如何，非转让海运单必须表面上看来：

i. indicate the name of the carrier and be signed by：

i. 显示承运人名称并由下列人员签署：

- the carrier or a named agent for or on behalf of the carrier，or
  承运人或承运人的具名代理或代表，或
- the master or a named agent for or on behalf of the master.
  船长或船长的具名代理或代表。

Any signature by the carrier，master or agent must be identified as that of the carrier，master or agent.

承运人、船长或代理的任何签字必须分别表明其承运人、船长或代理的身份。

Any signature by an agent must indicate whether the agent has signed for or on behalf of the carrier or for or on behalf of the master.

代理的签字必须显示其是否作为承运人或船长的代理或代表签署提单。

ii. indicate that the goods have been shipped on board a named vessel at the port of loading stated in the credit by：

ii. 通过下述方式表明货物已在信用证规定的装运港装载上具名船只：

- pre_printed wording，or
预先印就的措辞，或
- an on board notation indicating the date on which the goods have been shipped on board.

注明货物已装船日期的装船批注。

The date of issuance of the non_negotiable sea waybill will be deemed to be the date of shipment unless the non_negotiable sea waybill contains an on board notation indicating the date of shipment，in which case the date stated in the on board notation will be deemed to be the date of shipment.

非转让海运单的出具日期将被视为装运日期,除非非转让海运单包含注明装运日期的装船批注,在此情况下,装船批注中显示的日期将被视为装运日期。

If the non_negotiable sea waybill contains the indication "intended vessel" or similar qualification in relation to the name of the vessel, an on board notation indicating the date of shipment and the name of the actual vessel is required.

如果非转让海运单包含"预期船"字样或类似有关限定船只的词语时,装上具名船只必须由注明装运日期以及实际装运船只名称的装船批注来证实。

iii. indicate shipment from the port of loading to the port of discharge stated in the credit.

iii. 注明装运从信用证中规定的装货港至卸货港。

If the non_negotiable sea waybill does not indicate the port of loading stated in the credit as the port of loading, or if it contains the indication "intended" or similar qualification in relation to the port of loading, an on board notation indicating the port of loading as stated in the credit, the date of shipment and the name of the vessel is required. This provision applies even when loading on board or shipment on a named vessel is indicated by pre_printed wording on the non_negotiable sea waybill.

如果非转让海运单未注明以信用证中规定的装货港作为装货港,或包含"预期"或类似有关限定装货港的标注者,则需要提供注明信用证中规定的装货港、装运日期以及船名的装船批注。即使非转让海运单上已注明印就的"已装船"或"已装具名船只"措词,本规定仍然适用。

iv. be the sole original non_negotiable sea waybill or, if issued in more than one original, be the full set as indicated on the non_negotiable sea waybill.

iv. 系仅有的一份正本非转让海运单,或者,如果出具了多份正本,应是非转让海运单中显示的全套正本份数。

v. contain terms and conditions of carriage or make reference to another source containing the terms and conditions of carriage (short form or blank back non_negotiable sea waybill). Contents of terms and conditions of carriage will not be examined.

v. 包含承运条件须参阅包含承运条件条款及条件的某一出处(简式或背面空白的提单)者,银行对此类承运条件的条款及条件内容不予审核。

vi. contain no indication that it is subject to a charter party.

vi. 未注明运输单据受租船合约约束。

b. For the purpose of this article, transhipment means unloading from one vessel and reloading to another vessel during the carriage from the port of loading to the port of discharge stated in the credit.

b. 就本条款而言,转运意指在信用证规定的装货港到卸货港之间的海运过程中,将货物由一艘船卸下再装上另一艘船的运输。

c. i. A non_negotiable sea waybill may indicate that the goods will or may be transhipped provided that the entire carriage is covered by one and the same non_negotiable sea waybill.

c. i. 只要同一非转让海运单包括运输全程,则非转让海运单可以注明货物将被转运或可被转运。

ii. A non_negotiable sea waybill indicating that transhipment will or may take place is acceptable, even if the credit prohibits transhipment, if the goods have been shipped in a container, trailer or LASH barge 子母船 as evidenced by the non_negotiable sea waybill.

ii. 银行可以接受注明将要发生或可能发生转运的非转让海运单。即使信用证禁止转运,只要非转让海运单上证实有关货物已由集装箱、拖车或子母船运输,银行仍可接受注明将要发生或可能发生转运的非转让海运单。

d. Clauses in a non_negotiable sea waybill stating that the carrier reserves the right to tranship will be disregarded.

d. 对于非转让海运单中包含的声明承运人保留转运权利的条款,银行将不予置理。

Article 22 Charter Party Bill of Lading

第二十二条 租船合约提单

a. A bill of lading, however named, containing an indication that it is subject to a charter party (charter party bill of lading), must appear to:

a. 无论其称谓如何,倘若提单包含有提单受租船合约约束的指示(即租船合约提单),则必须在表面上看来:

i. be signed by:

i. 由下列当事方签署:

• the master or a named agent for or on behalf of the master, or 船长或船长的具名代理或代表,或

• the owner or a named agent for or on behalf of the owner, or 船东或船东的具名代理或代表,或

• the charterer or a named agent for or on behalf of the charterer.

租船主或租船主的具名代理或代表。

Any signature by the master, owner, charterer or agent must be identified as that of the master, owner, charterer or agent.

船长、船东、租船主或代理的任何签字必须分别表明其船长、船东、租船主或代理的身份。

Any signature by an agent must indicate whether the agent has signed for or on behalf of the master, owner or charterer.

代理的签字必须显示其是否作为船长、船东或租船主的代理或代表签署提单。

An agent signing for or on behalf of the owner or charterer must indicate the name of the owner or charterer.

代理人代理或代表船东或租船主签署提单时必须注明船东或租船主的名称。

ii. indicate that the goods have been shipped on board a named vessel at the port of loading stated in the credit by:

ii. 通过下述方式表明货物已在信用证规定的装运港装载上具名船只:

• pre_printed wording, or

预先印就的措词,或

• an on board notation indicating the date on which the goods have been shipped on board.

注明货物已装船日期的装船批注。

The date of issuance of the charter party bill of lading will be deemed to be the date of shipment unless the charter party bill of lading contains an on board notation indicating the date of shipment, in which case the date stated in the on board notation will be deemed to be the date of shipment.

租船合约提单的出具日期将被视为装运日期,除非租船合约提单包含注明装运日期的装船批注，在此情况下，装船批注中显示的日期将被视为装运日期。

iii. indicate shipment from the port of loading to the port of discharge stated in the credit. The port of discharge may also be shown as a range of ports or a geographical area, as stated in the credit.

iii. 注明货物由信用证中规定的装货港运输至卸货港。卸货港可以按信用证中的规定显示为一组港口或某个地理区域。

iv. be the sole original charter party bill of lading or, if issued in more than one original, be the full set as indicated on the charter party bill of lading.

iv. 系仅有的一份正本租船合约提单，或者，如果出具了多份正本，应是租船合约提单中显示的全套正本份数。

b. A bank will not examine charter party contracts, even if they are required to be presented by the terms of the credit.

b. 即使信用证中的条款要求提交租船合约，银行也将对该租船合约不予审核。

Article 23 Air Transport Document

第二十三条　空运单据

a. An air transport document, however named, must appear to:

a. 无论其称谓如何，空运单据必须在表面上看来：

i. indicate the name of the carrier and be signed by:

i. 注明承运人名称并由下列当事方签署：

• the carrier, or

承运人，或

• a named agent for or on behalf of the carrier.

承运人的具名代理或代表。

Any signature by the carrier or agent must be identified as that of the carrier or agent.

承运人或代理的任何签字必须分别表明其承运人或代理的身份。

Any signature by an agent must indicate that the agent has signed for or on behalf of the carrier.

代理的签字必须显示其是否作为承运人的代理或代表签署空运单据。

ii. indicate that the goods have been accepted for carriage.

ii. 注明货物已收妥待运。

iii. indicate the date of issuance. This date will be deemed to be the date of shipment unless the air transport document contains a specific notation of the actual date of shipment, in which case the date stated in the notation will be deemed to be the date of shipment.

iii. 注明出具日期。这一日期将被视为装运日期,除非空运单据包含注有实际装运日期的专项批注,在此种情况下,批注中显示的日期将被视为装运日期。

Any other information appearing on the air transport document relative to the flight number and date will not be considered in determining the date of shipment.

空运单据显示的其他任何与航班号和起飞日期有关的信息不能被视为装运日期。

iv. indicate the airport of departure and the airport of destination stated in the credit.

iv. 表明信用证规定的起飞机场和目的地机场

v. be the original for consignor or shipper, even if the credit stipulates a full set of originals.

v. 为开给发货人或托运人的正本,即使信用证规定提交全套正本。

vi. contain terms and conditions of carriage or make reference to another source containing the terms and conditions of carriage. Contents of terms and conditions of carriage will not be examined.

vi. 载有承运条款和条件，或提示条款和条件参见别处。银行将不审核承运条款和条件的内容。

b. For the purpose of this article, transhipment means unloading from one aircraft and reloading to another aircraft during the carriage from the airport of departure to the airport of destination stated in the credit.

b. 就本条而言，转运是指在信用证规定的起飞机场到目的地机场的运输过程中，将货物从一飞机卸下再装上另一飞机的行为。

c. i. An air transport document may indicate that the goods will or may be transhipped, provided that the entire carriage is covered by one and the same air transport document.

c. i. 空运单据可以注明货物将要或可能转运，只要全程运输由同一空运单据涵盖。

ii. An air transport document indicating that transhipment will or may take place is acceptable, even if the credit prohibits transhipment.

ii. 即使信用证禁止转运，注明将要或可能发生转运的空运单据仍可接受。

Article 24 Road, Rail or Inland Waterway Transport Documents
第二十四条　公路、铁路或内陆水运单据

a. A road, rail or inland waterway transport document, however named, must appear to：

a. 公路、铁路或内陆水运单据,无论名称如何,必须看似:

i. indicate the name of the carrier and:

i. 表明承运人名称,并且

• be signed by the carrier or a named agent for or on behalf of the carrier, or

由承运人或其具名代理人签署,或者

• indicate receipt of the goods by signature, stamp or notation by the carrier or a named agent for or on behalf of the carrier.

由承运人或其具名代理人以签字、印戳或批注表明货物收讫。

Any signature, stamp or notation of receipt of the goods by the carrier or agent must be identified as that of the carrier or agent.

承运人或其具名代理人的售货签字、印戳或批注必须标明其承运人或代理人的身份。

Any signature, stamp or notation of receipt of the goods by the agent must indicate that the agent has signed or acted for or on behalf of the carrier.

代理人的收获签字、印戳或批注必须标明代理人系代表承运人签字或行事。

If a rail transport document does not identify the carrier, any signature or stamp of the railway company will be accepted as evidence of the document being signed by the carrier.

如果铁路运输单据没有指明承运人,可以接受铁路运输公司的任何签字或印戳作为承运人签署单据的证据。

ii. indicate the date of shipment or the date the goods have been received for shipment, dispatch or carriage at the place stated in the credit. Unless the transport document contains a dated reception、stamp, an indication of the date of receipt or a date of shipment, the date of issuance of the transport document will be deemed to be the date of shipment.

ii. 表明货物在信用证规定地点的发运日期，或者收讫代运或代发送的日期。运输单据的出具日期将被视为发运日期，除非运输单据上盖有带日期的收货印戳，或注明了收货日期或发运日期。

iii. indicate the place of shipment and the place of destination stated in the credit.

iii. 表明信用证规定的发运地及目的地。

b. i. A road transport document must appear to be the original for consignor or shipper or bear no marking indicating for whom the document has been prepared.

b. i. 公路运输单据必须看似为开给发货人或托运人的正本，或没有认可标记表明单据开给何人。

ii. A rail transport document marked "duplicate" will be accepted as an original.

ii. 注明"第二联"的铁路运输单据将被作为正本接受。

iii. A rail or inland waterway transport document will be accepted as an original whether marked as an original or not.

iii. 无论是否注明正本字样，铁路或内陆水运单据都被作为正本接受。

c. In the absence of an indication on the transport document as to the number of originals issued, the number presented will be deemed to constitute a full set.

c. 如运输单据上未注明出具的正本数量，提交的份数即视为全套正本。

d. For the purpose of this article, transhipment means unloading from one means of conveyance and reloading to another means of conveyance, within the same mode of transport, during the carriage from the place of shipment, dispatch or carriage to the place of destination stated in the credit.

d. 就本条而言,转运是指在信用证规定的发运、发送或运送的地点到目的地之间的运输过程中,在同一运输方式中从一运输工具卸下再装上另一运输工具的行为。

e. i. A road, rail or inland waterway transport document may indicate that the goods will or may be transhipped provided that the entire carriage is covered by one and the same transport document.

e. i. 只要全程运输由同一运输单据涵盖,公路、铁路或内陆水运单据可以注明货物将要或可能被转运。

ii. A road, rail or inland waterway transport document indicating that transhipment will or may take place is acceptable, even if the credit prohibits transhipment.

ii. 即使信用证禁止转运,注明将要或可能发生转运的公路、铁路或内陆水运单据仍可接受。

Article 25 Courier Receipt, Post Receipt or Certificate of Posting
第二十五条　快递收据、邮政收据或投邮证明

a. A courier receipt, however named, evidencing receipt of goods for transport, must appear to:

a. 证明货物收讫待运的快递收据,无论名称如何,必须看似:

i. indicate the name of the courier service and be stamped or signed by the named courier service at the place from which the credit states the goods are to be shipped; and

i. 表明快递机构的名称,并在信用证规定的货物发运地点由该具名快递机构盖章或签字;并且

ii. indicate a date of pick＿up or of receipt or wording to this effect. This date will be deemed to be the date of shipment.

ii. 表明取件或收件的日期或类似词语。该日期将被视为发运日期。

b. A requirement that courier charges are to be paid or prepaid may be satisfied by a transport document issued by a courier service evidencing that courier charges are for the account of a party other than the consignee.

b. 如果要求显示快递费用付讫或预付,快递机构出具的表明快递费由收货人以外的一方支付的运输单据可以满足该项要求。

c. A post receipt or certificate of posting, however named, evidencing receipt of goods for transport, must appear to be stamped or signed and dated at the place from which the credit states the goods are to be shipped. This date will be deemed to be the date of shipment.

c. 证明货物收讫待运的邮政收据或投邮证明,无论名称如何,必须看似在信用证规定的货物发运地点盖章或签署并注明日期。该日期将被视为发运日期。

Article 26 "On Deck", "Shipper's Load and Count", "Said by Shipper to Contain" and Charges Additional to Freight
第二十六条 "货装舱面"、"托运人装载和计数"、"内容据托运人报称"及运费之外的费用

a. A transport document must not indicate that the goods are or will be loaded on deck. A clause on a transport document stating that the goods may be loaded on deck is acceptable.

a. 运输单据不得表明货物装于或者将装于舱面。声明货物可能

被装于舱面的运输单据条款可以接受。

b. A transport document bearing a clause such as "shipper''s load and count" and "said by shipper to contain" is acceptable.

b. 载有诸如"托运人装载和计数"或"内容据托运人报称"条款的运输单据可以接受。

c. A transport document may bear a reference, by stamp or otherwise, to charges additional to the freight.

c. 运输单据上可以以印戳或其他方式提及运费之外的费用。

Article 27 Clean Transport Document
第二十七条　清洁运输单据

A bank will only accept a clean transport document. A clean transport document is one bearing no clause or notation expressly declaring a defective condition of the goods or their packaging. The word "clean" need not appear on a transport document, even if a credit has a requirement for that transport document to be "clean on board".

银行只接受清洁运输单据。清洁运输单据指未载有明确宣称货物或包装有缺陷的条款或批注的运输单据。"清洁"一词并不需要在运输单据上出现，即使信用证要求运输单据为"清洁已装船"的。

Article 28 Insurance Document and Coverage
第二十八条　保险单据及保险范围

a. An insurance document, such as an insurance policy, an insurance certificate or a declaration under an open cover, must appear to be issued and signed by an insurance company, an underwriter or their agents or their proxies.

a. 保险单据,例如保险单或预约保险项下的保险证明书或者声明书,必须看似由保险公司或承保人或其代理人或代表出具并签署。

Any signature by an agent or proxy must indicate whether the agent or proxy has signed for or on behalf of the insurance company or underwriter.

代理人或代表的签字必须标明其系代表保险公司或承保人签字。

b. When the insurance document indicates that it has been issued in more than one original, all originals must be presented.

b. 如果保险单据表明其以多份正本出具,所有正本均须提交。

c. Cover notes will not be accepted.

c. 暂保单将不被接受。

d. An insurance policy is acceptable in lieu of an insurance certificate or a declaration under an open cover.

d. 可以接受保险单代替预约保险项下的保险证明书或声明书。

e. The date of the insurance document must be no later than the date of shipment, unless it appears from the insurance document that the cover is effective from a date not later than the date of shipment.

e. 保险单据日期不得晚于发运日期,除非保险单据表明保险责任不迟于发运日生效。

f. i. The insurance document must indicate the amount of insurance coverage and be in the same currency as the credit.

f. i. 保险单据必须表明投保金额并以与信用证相同的货币表示。

ii. A requirement in the credit for insurance coverage to be for a percentage of the value of the goods, of the invoice value or similar is deemed to be the minimum amount of coverage required.

ii. 信用证对于投保金额为货物价值、发票金额或类似金额的某一比例的要求,将被视为对最低保额的要求。

If there is no indication in the credit of the insurance coverage required, the amount of insurance coverage must be at least 110% of the CIF or CIP value of the goods.

如果信用证对投保金额未作规定,投保金额须至少为货物的 CIF 或 CIP 价格的 110％。

When the CIF or CIP value cannot be determined from the documents, the amount of insurance coverage must be calculated on the basis of the amount for which honour or negotiation is requested or the gross value of the goods as shown on the invoice, whichever is greater.

如果从单据中不能确定 CIF 或者 CIP 价格,投保金额必须基于要求承付或议付的金额,或者基于发票上显示的货物总值来计算,两者之中取金额较高者。

iii. The insurance document must indicate that risks are covered at least between the place of taking in charge or shipment and the place of discharge or final destination as stated in the credit.

iii. 保险单据须标明承包的风险区间至少涵盖从信用证规定的货物监管地或发运地开始到卸货地或最终目的地为止。

g. A credit should state the type of insurance required and, if any, the additional risks to be covered. An insurance document will be accepted without regard to any risks that are not covered if the credit uses imprecise terms such as "usual risks" or "customary risks".

g. 信用证应规定所需投保的险别及附加险(如有的话)。如果信用证使用诸如"通常风险"或"惯常风险"等含义不确切的用语,则无论是否有漏保之风险,保险单据将被照样接受。

h. When a credit requires insurance against "all risks" and an insurance document is presented containing any "all risks" notation or clause, whether or not bearing the heading "all risks", the insurance document will be accepted without regard to any risks stated to be excluded.

h. 当信用证规定投保"一切险"时,如保险单据载有任何"一切险"批注或条款,无论是否有"一切险"标题,均将被接受,即使其声明任何风险除外。

i. An insurance document may contain reference to any exclusion clause.

i. 保险单据可以援引任何除外责任条款。

j. An insurance document may indicate that the cover is subject to a franchise or excess (deductible).

j. 保险单据可以注明受免赔率或免赔额(减除额)约束。

Article 29 Extension of Expiry Date or Last Day for Presentation
第二十九条 截止日或最迟交单日的顺延

a. If the expiry date of a credit or the last day for presentation falls on a day when the bank to which presentation is to be made is closed for reasons other than those referred to in article 36, the expiry date or the last day for presentation, as the case may be, will be extended to the first following banking day.

a. 如果信用证的截止日或最迟交单日适逢接受交单的银行非因第三十六条所述原因而歇业,则截止日或最迟交单日,视何者适用,将顺延至其重新开业的第一个银行工作日。

b. If presentation is made on the first following banking day, a nominated bank must provide the issuing bank or confirming bank with a statement on its covering schedule that the presentation was made within the time limits extended in accordance with sub_article 29（a）.

b. 如果在顺延后的第一个银行工作日交单,指定银行必须在其致开证行或保兑行的面函中声明交单是在根据第二十九条 a 款顺延的期限内提交的。

c. The latest date for shipment will not be extended as a result of sub—article 29（a）.

c. 最迟发运日不因第二十九条 a 款规定的原因而顺延。

Article 30 Tolerance in Credit Amount，Quantity and Unit Prices
第三十条　信用证金额、数量与单价的增减幅度

a. The words "about" or "approximately" used in connection with the amount of the credit or the quantity or the unit price stated in the credit are to be construed as allowing a tolerance not to exceed 10% more or 10% less than the amount，the quantity or the unit price to which they refer.

a. "约"或"大约"用语信用证金额或信用证规定的数量或单价时,应解释为允许有关金额或数量或单价有不超过 10% 的增减幅度。

b. A tolerance not to exceed 5% more or 5% less than the quantity of the goods is allowed，provided the credit does not state the quantity in terms of a stipulated number of packing units or individual items and the total amount of the drawings does not exceed the amount of the credit.

b. 在信用证未以包装单位件数或货物自身件数的方式规定货物数量时,货物数量允许有 5% 的增减幅度,只要总支取金额不超过信用证金额。

c. Even when partial shipments are not allowed，a tolerance not to exceed 5% less than the amount of the credit is allowed, provided that the quantity of the goods, if stated in the credit, is shipped in full and a unit price, if stated in the credit, is not reduced or that sub _article 30 (b) is not applicable. This tolerance does not apply when the credit stipulates a specific tolerance or uses the expressions referred to in sub_article 30 (a).

c. 如果信用证规定了货物数量,而该数量已全部发运,及如果信用证规定了单价,而该单价又未降低,或当第三十条 b 款不适用时,则即使不允许部分装运,也允许支取的金额有 5% 的减幅。若信用证规定有特定的增减幅度或使用第三十条 a 款提到的用语限定数量,则该减幅不适用。

Article 31 Partial Drawings or Shipments
第三十一条　分批支款或分批装运

a. Partial drawings or shipments are allowed.

a. 允许分批支款或分批装运。

b. A presentation consisting of more than one set of transport documents evidencing shipment commencing on the same means of conveyance and for the same journey, provided they indicate the same destination, will not be regarded as covering a partial shipment, even if they indicate different dates of shipment or different ports of loading, places of taking in charge or dispatch. If the presentation consists of more than one set of transport documents, the latest date of shipment as evidenced on any of the sets of transport documents will be regarded as the date of shipment.

b. 表明使用同一运输工具并经由同次航程运输的数套运输单据在同一次提交时,只要显示相同目的地,将不视为部分发运,即使运输单据上标明的发运日期不通或装卸港、接管地或发送地点不同。如果交单由数套运输单据构成,其中最晚的一个发运日将被视为发运日。

A presentation consisting of one or more sets of transport documents evidencing shipment on more than one means of conveyance within the same mode of transport will be regarded as covering a partial shipment,even if the means of conveyance leave on the same day for the same destination.

含有一套或数套运输单据的交单,如果表明在同一种运输方式下经由数件运输工具运输,即使运输工具在同一天出发运往同一目的地,仍将被视为部分发运。

c. A presentation consisting of more than one courier receipt, post receipt or certificate of posting will not be regarded as a partial shipment if the courier receipts,post receipts or certificates of posting appear to have been stamped or signed by the same courier or postal service at the same place and date and for the same destination.

c. 含有一份以上快递收据、邮政收据或投邮证明的交单,如果单据看似由同一块地或邮政机构在同一地点和日期加盖印戳或签字并且表明同一目的地,将不视为部分发运。

Article 32 Instalment Drawings or Shipments
第三十二条　分期支款或分期装运

If a drawing or shipment by instalments within given periods is stipulated in the credit and any instalment is not drawn or shipped within the period allowed for that instalment, the credit ceases to be available for that and any subsequent instalment.

如信用证规定在指定的时间段内分期支款或分期发运,任何一期未按信用证规定期限支取或发运时,信用证对该期及以后各期均告失效。

Article 33 Hours of Presentation
第三十三条　交单时间

A bank has no obligation to accept a presentation outside of its banking hours.

银行在其营业时间外无接受交单的义务。

Article 34 Disclaimer on Effectiveness of Documents
第三十四条　关于单据有效性的免责

A bank assumes no liability or responsibility for the form, sufficiency, accuracy, genuineness, falsification or legal effect of any document, or for the general or particular conditions stipulated in a document or superimposed thereon; nor does it assume any liability or responsibility for the description, quantity, weight, quality, condition, packing, delivery, value or existence of the goods, services or other performance represented by any document, or for the good faith or acts or omissions, solvency, performance or standing of the consignor, the carrier, the forwarder, the consignee or the insurer of the goods or any other person.

银行对任何单据的形式、充分性、准确性、内容真实性、虚假性或法律效力,或对单据中规定或添加的一般或特殊条件,概不负责;银行对任何单据所代表的货物、服务或其他履约行为的描述、数量、重量、品质、状况、包装、交付、价值或其存在与否,或对发货人、承运人、货运代理人、收货人、货物的保险人或其他任何人的诚信与否,作为或不作为、清偿能力、履约或资信状况,也概不负责。

Article 35 Disclaimer on Transmission and Translation

第三十五条 关于信息传递和翻译的免责

A bank assumes no liability or responsibility for the consequences arising out of delay, loss in transit, mutilation or other errors arising in the transmission of any messages or delivery of letters or documents, when such messages, letters or documents are transmitted or sent according to the requirements stated in the credit, or when the bank may have taken the initiative in the choice of the delivery service in the absence of such instructions in the credit.

当报文、信件或单据按照信用证的要求传输或发送时,或当信用证未作指示,银行自行选择传送服务时,银行对报文传输或信件或单据的递送过程中发生的延误、中途遗失、残缺或其他错误产生的后果,概不负责。

If a nominated bank determines that a presentation is complying and forwards the documents to the issuing bank or confirming bank, whether or not the nominated bank has honoured or negotiated, an issuing bank or confirming bank must honour or negotiate, or reimburse that nominated bank, even when the documents have been lost in transit between the nominated bank and the issuing bank or confirming bank, or between the confirming bank and the issuing bank.

如果指定银行确定交单相符并将单据发往开证行或保兑行。无论指定的银行是否已经承付或议付,开证行或保兑行必须承付或议付,或偿付指定银行,即使单据在指定银行送往开证行或保兑行的途中,或保兑行送往开证行的途中丢失。

A bank assumes no liability or responsibility for errors in translation or interpretation of technical terms and may transmit credit terms without translating them.

银行对技术术语的翻译或解释上的错误,不负责任,并可不加翻译地传送信用证条款。

Article 36 Force Majeure
第三十六条　不可抗力

A bank assumes no liability or responsibility for the consequences arising out of the interruption of its business by Acts of God, riots, civil commotions, insurrections, wars, acts of terrorism, or by any strikes or lockouts or any other causes beyond its control.

银行对由于天灾、暴动、骚乱、叛乱、战争、恐怖主义行为或任何罢工、停工或其无法控制的任何其他原因导致的营业中断的后果,概不负责。

A bank will not, upon resumption of its business, honour or negotiate under a credit that expired during such interruption of its business.

银行恢复营业时,对于在营业中断期间已逾期的信用证,不再进行承付或议付。

Article 37 Disclaimer for Acts of an Instructed Party
第三十七条　关于被指示方行为的免责

a. A bank utilizing the services of another bank for the purpose of giving effect to the instructions of the applicant does so for the account and at the risk of the applicant.

a. 为了执行申请人的指示,银行利用其他银行的服务,其费用和风险由申请人承担。

b. An issuing bank or advising bank assumes no liability or responsibility should the instructions it transmits to another bank not be carried out, even if it has taken the initiative in the choice of that other bank.

b. 即使银行自行选择了其他银行,如果发出指示未被执行,开证行或通知行对此亦不负责。

c. A bank instructing another bank to perform services is liable for any commissions, fees, costs or expenses ("charges") incurred by that bank in connection with its instructions.

c. 指示另一银行提供服务的银行有责任负担被执释放因执行指示而发生的任何佣金、手续费、成本或开支("费用")。

If a credit states that charges are for the account of the beneficiary and charges cannot be collected or deducted from proceeds, the issuing bank remains liable for payment of charges.

如果信用证规定费用由受益人负担,而该费用未能收取或从信用证款项中扣除,开证行依然承担支付此费用的责任。

A credit or amendment should not stipulate that the advising to a beneficiary is conditional upon the receipt by the advising bank or second advising bank of its charges.

信用证或其修改不应规定向受益人的通知以通知行或第二通知行收到其费用为条件。

d. The applicant shall be bound by and liable to indemnify a bank against all obligations and responsibilities imposed by foreign laws and usages.

d. 外国法律和惯例加诸于银行的一切义务和责任,申请人应受其约束,并就此对银行负补偿之责。

Article 38 Transferable Credits
第三十八条　可转让信用证

a. A bank is under no obligation to transfer a credit except to the extent and in the manner expressly consented to by that bank.

a. 银行无办理转让信用证的义务，除非该银行明确同意其转让范围和转让方式。

b. For the purpose of this article：

b. 就本条款而言：

Transferable credit means a credit that specifically states it is "transferable". A transferable credit may be made available in whole or in part to another beneficiary ("second beneficiary") at the request of the beneficiary ("first beneficiary").

转让信用证意指明确表明其"可以转让"的信用证。根据受益人（"第一受益人"）的请求，转让信用证可以被全部或部分地转让给其他受益人（"第二受益人"）。

Transferring bank means a nominated bank that transfers the credit or, in a credit available with any bank, a bank that is specifically authorized by the issuing bank to transfer and that transfers the credit. An issuing bank may be a transferring bank.

转让银行意指办理信用证转让的被指定银行，或者，在适用于任何银行的信用证中，转让银行是由开证行特别授权并办理转让信用证的银行。开证行也可担任转让银行。

Transferred credit means a credit that has been made available by the transferring bank to a second beneficiary.

转让信用证意指经转让银行办理转让后可供第二受益人使用的信用证。

c. Unless otherwise agreed at the time of transfer, all charges (such as commissions, fees, costs or expenses) incurred in respect of a transfer must be paid by the first beneficiary.

c. 除非转让时另有约定,所有因办理转让而产生的费用(诸如佣金、手续费、成本或开支)必须由第一受益人支付。

d. A credit may be transferred in part to more than one second beneficiary provided partial drawings or shipments are allowed.

d. 倘若信用证允许分批支款或分批装运,信用证可以被部分地转让给一个以上的第二受益人。

A transferred credit cannot be transferred at the request of a second beneficiary to any subsequent beneficiary. The first beneficiary is not considered to be a subsequent beneficiary.

第二受益人不得要求将信用证转让给任何次序位居其后的其他受益人。第一受益人不属于此类其他受益人之列。

e. Any request for transfer must indicate if and under what conditions amendments may be advised to the second beneficiary. The transferred credit must clearly indicate those conditions.

e. 任何有关转让的申请必须指明是否以及在何种条件下可以将修改通知第二受益人。转让信用证必须明确指明这些条件。

f. If a credit is transferred to more than one second beneficiary, rejection of an amendment by one or more second beneficiary does not invalidate the acceptance by any other second beneficiary, with respect to which the transferred credit will be amended accordingly. For any second beneficiary that rejected the amendment, the transferred credit will remain unamended.

f. 如果信用证被转让给一个以上的第二受益人,其中一个或多个第二受益人拒绝接受某个信用证修改并不影响其他第二受益人接受修改。对于接受修改的第二受益人而言,信用证已做相应的修改;对于拒绝接受修改的第二受益人而言,该转让信用证仍未被修改。

g. The transferred credit must accurately reflect the terms and conditions of the credit, including confirmation, if any, with the exception of:

g. 转让信用证必须准确转载原证的条款及条件,包括保兑(如有),但下列项目除外:

—the amount of the credit,

—信用证金额,

—any unit price stated therein,

—信用证规定的任何单价,

—the expiry date,

—到期日,

—the period for presentation, or

—单据提示期限

—the latest shipment date or given period for shipment,

—最迟装运日期或规定的装运期间。

any or all of which may be reduced or curtailed.

以上任何一项或全部均可减少或缩短。

The percentage for which insurance cover must be effected may be increased to provide the amount of cover stipulated in the credit or these articles.

必须投保的保险金额的投保比例可以增加,以满足原信用证或本惯例规定的投保金额。

The name of the first beneficiary may be substituted for that of the applicant in the credit.

可以用第一受益人的名称替换原信用证中申请人的名称。

If the name of the applicant is specifically required by the credit to appear in any document other than the invoice, such requirement must be reflected in the transferred credit.

如果原信用证特别要求开证申请人名称应在除发票以外的任何单据中出现时,则转让信用证必须反映出该项要求。

h. The first beneficiary has the right to substitute its own invoice and draft, if any, for those of a second beneficiary for an amount not in excess of that stipulated in the credit, and upon such substitution the first beneficiary can draw under the credit for the difference, if any, between its invoice and the invoice of a second beneficiary.

h. 第一受益人有权以自己的发票和汇票(如有),替换第二受益人的发票和汇票(如有),其金额不得超过原信用证的金额。在如此办理单据替换时,第一受益人可在原信用证项下支取自己发票与第二受益人发票之间产生的差额(如有)。

i. If the first beneficiary is to present its own invoice and draft, if any, but fails to do so on first demand, or if the invoices presented by the first beneficiary create discrepancies that did not exist in the presentation made by the second beneficiary and the first beneficiary fails to correct them on first demand, the transferring bank has the right to present the documents as received from the second beneficiary to the issuing bank, without further responsibility to the first beneficiary.

i. 如果第一受益人应当提交其自己的发票和汇票(如有),但却未能在收到第一次要求时照办;或第一受益人提交的发票导致了第二受益人提示的单据中本不存在的不符点,而其未能在收到第一次要求时予以修正,则转让银行有权将其从第二受益人处收到的单据向开证行提示,并不再对第一受益人负责。

j. The first beneficiary may, in its request for transfer, indicate that honour or negotiation is to be effected to a second beneficiary at the place to which the credit has been transferred, up to and including the expiry date of the credit. This is without prejudice to the right of the first beneficiary in accordance with sub-article 38 (h).

j. 第一受益人可以在其提出转让申请时,表明可在信用证被转让的地点,在原信用证的到期日之前(包括到期日)向第二受益人予以兑付或议付。本条款并不损害第一受益人在第三十八条(h)款下的权利。

k. Presentation of documents by or on behalf of a second beneficiary must be made to the transferring bank.

k. 由第二受益人或代表第二受益人提交的单据必须向转让银行提示。

Article 39 Assignment of Proceeds
第三十九条 款项让渡

The fact that a credit is not stated to be transferable shall not affect the right of the beneficiary to assign any proceeds to which it may be or may become entitled under the credit, in accordance with the provisions of applicable law. This article relates only to the assignment of proceeds and not to the assignment of the right to perform under the credit.

信用证未表明可转让,并不影响受益人根据所适用的法律规定,将其在该信用证项下有权获得的款项让渡与他人的权利。本条款所涉及的仅是款项的让渡,而不是信用证项下执行权力的让渡。